普通高等教育"十三五"规划教材

# 新编现代教育技术应用实践教程

主 编 汪 莹
副主编 沈丹丹 高 燕 姚湛春 雷励华

中国水利水电出版社
www.waterpub.com.cn
·北京·

## 内 容 提 要

本书是《新编现代教育技术理论教程》的配套实践教程，参照本科教学层次要求、师范生培养方案和教学大纲编写。本书与理论课教程同步使用，可以帮助师范生更好地理解和掌握现代教育技术理论知识和实践技能，可以充分调动学生聪慧的大脑，积极利用计算机、智能手机以及多种媒体资源和工具进行学习和实践。总的来说，这是一本丰富、实用的工具书。

本书内容新颖、实践性强，可作为高等院校师范类学生的现代教育技术公共课教材，也可作为中小学教师提高教育技术能力的参考用书。

**图书在版编目（CIP）数据**

新编现代教育技术应用实践教程 / 汪莹主编. -- 北京：中国水利水电出版社，2018.8（2023.1重印）
普通高等教育"十三五"规划教材
ISBN 978-7-5170-6706-1

Ⅰ. ①新… Ⅱ. ①汪… Ⅲ. ①教育技术学－高等学校－教材 Ⅳ. ①G40-057

中国版本图书馆CIP数据核字(2018)第174787号

策划编辑：陈红华　　　责任编辑：赵佳琦　　　封面设计：李　佳

| | |
|---|---|
| 书　名 | 普通高等教育"十三五"规划教材<br>新编现代教育技术应用实践教程<br>XINBIAN XIANDAI JIAOYU JISHU YINGYONG SHIJIAN JIAOCHENG |
| 作　者 | 主　编　汪　莹<br>副主编　沈丹丹　高　燕　姚湛春　雷励华 |
| 出版发行 | 中国水利水电出版社<br>（北京市海淀区玉渊潭南路1号D座　100038）<br>网址：www.waterpub.com.cn<br>E-mail: mchannel@263.net（答疑）<br>　　　　sales@mwr.gov.cn<br>电话：（010）68545888（营销中心）、82562819（组稿） |
| 经　售 | 北京科水图书销售有限公司<br>电话：（010）68545874、63202643<br>全国各地新华书店和相关出版物销售网点 |
| 排　版 | 北京万水电子信息有限公司 |
| 印　刷 | 三河市德贤弘印务有限公司 |
| 规　格 | 184mm×260mm　16开本　12.25印张　298千字 |
| 版　次 | 2018年8月第1版　2023年1月第11次印刷 |
| 印　数 | 24001—26000册 |
| 定　价 | 28.00元 |

凡购买我社图书，如有缺页、倒页、脱页的，本社营销中心负责调换
**版权所有·侵权必究**

# 前　言

"现代教育技术应用"课程适合各类师范院校，主要针对师范生开设，可以作为通识教育课程开设选修课，亦可以用于中小学一线教师的信息技术能力提升培训。本课程既注重基础理论，又有丰富的操作实践，章节内容系统科学，比较全面地运用各技术工具，以解决学习过程和学习资源的各方面问题。

本书是《新编现代教育技术理论教程》的配套实践教程，参照本科教学层次要求、师范生培养方案和教学大纲编写。本书与理论课教程同步使用，可以帮助师范生更好地理解和掌握现代教育技术理论知识和实践技能，尤其是在教育教学领域辅以电脑端丰富的软件和网页、移动端 APP 和微信公众号等，既丰富了教育教学活动，又显著增强师生交互。

本书由汪莹任主编，沈丹丹、高燕、姚湛春、雷励华任副主编。其中，汪莹编写第一、二、五、十章和附录，姚湛春编写第三、九章，高燕编写第四、六章，沈丹丹编写七、八章，学生助理辅助统计和排版，全书由汪莹、雷励华审稿，汪莹负责统稿和定稿。

由衷感谢岭南师范学院各级领导、教务处和中国水利水电出版社的大力支持，感谢本教程编委会的群策群力，特别感谢第一批专家读者和学生助理的反馈建议。书中部分内容由于实验室条件关系无法展现，个别图文借鉴网络资源，在此一并表示感谢。

由于编者水平有限，难免有不足之处，恳请广大读者批评指正。

编　者<br>
2018 年 6 月

# 目 录

前言

## 第一章 思维导图——整理知识地图 ... 1
### 第一节 思维导图简介 ... 1
一、概述 ... 1
二、思维导图的八种常见基础类型 ... 2
三、思维导图的别称及绘制技法 ... 3
四、思维导图适用情境 ... 4
五、利用思维导图增强记忆力和注意力 ... 5
### 第二节 幕布 ... 6
一、初识幕布 ... 6
二、幕布的基本操作 ... 7
三、幕布示例 ... 8
### 第三节 其他思维导图工具软件介绍 ... 10
一、MindManager（收费，功能强大） ... 10
二、亿图 MindMaster（免费，模板丰富） ... 10
三、MindNode（英文版） ... 11
四、百度脑图（无需安装包） ... 11
练习和作业 ... 11

## 第二章 调查问卷——教学舆情分析 ... 13
### 第一节 问卷法简介 ... 13
### 第二节 问卷网 ... 13
一、基本功能概述 ... 14
二、操作步骤 ... 16
### 第三节 腾讯投票（微信小程序） ... 19
一、打开"腾讯投票" ... 19
二、如何使用腾讯投票小程序 ... 20
练习和作业 ... 20

## 第三章 网络检索——获取学习资源 ... 22
### 第一节 初识搜索引擎 ... 22
一、常见的搜索引擎 ... 22
二、常见搜索引擎 ... 23
### 第二节 搜索引擎的设置和常用语法 ... 24
一、搜索引擎的搜索设置和高级搜索设置 ... 24
二、网页搜索使用技巧 ... 25
三、搜索引擎的常用语法 ... 28

### 第三节 百度百科和百度经验 ... 29
一、百度百科 ... 29
二、百度经验 ... 32
### 第四节 精品课程和慕课 MOOC ... 34
### 第五节 百度识图——图搜索引擎 ... 35
一、主要功能 ... 35
二、百度识图操作步骤 ... 37
三、发展趋势 ... 39
### 第六节 百度文库——用户共建文档库 ... 39
### 第七节 学术期刊网站和文献管理工具 ... 41
一、中国知网 CNKI ... 41
二、百度学术 ... 44
### 第八节 百度网盘和腾讯微云 ... 44
一、百度网盘 ... 44
二、微云 ... 45
### 第九节 其他网络检索应用 ... 45
练习和作业 ... 49

## 第四章 演示文稿——规划教学创想 ... 49
### 第一节 PPT 设计黄金法则 ... 49
一、重视 PPT 的灵魂——逻辑 ... 49
二、KISS（Keep It Simple and Stupid）准则 ... 49
三、Magic Seven 准则 ... 49
四、八字真言：文不如表，表不如图 ... 50
五、三不原则 ... 50
### 第二节 制作一份有档次的 PPT ... 50
一、启动 PPT ... 50
二、删除虚线框 ... 51
三、给 PPT 添加背景 ... 52
四、设计封面 ... 56
五、设计目录页 ... 59
六、设计正文页 ... 62
七、设计结尾页 ... 65
练习和作业 ... 66

## 第五章 交互式电子白板和新型教学媒体 …… 67
### 第一节 交互式电子白板 …… 67
　　一、初识交互式电子白板 …… 67
　　二、交互式电子白板主要功能 …… 68
　　三、交互式电子白板的构成和分类 …… 69
　　四、意义 …… 69
### 第二节 AR、VR 和 MR …… 69
　　一、VR（Virtual Reality，虚拟现实）…… 69
　　二、AR（Augmented Reality，增强现实）…… 74
　　三、MR（Mediated Reality，混合现实）…… 78
### 第三节 VR/AR 教学体验的设计与应用 …… 80
　　练习和作业 …… 81

## 第六章 听觉媒体——数字音频处理 …… 82
### 第一节 录音——数字音频的采集和获取 …… 83
　　一、使用 Windows 录音机录音 …… 84
　　二、Sound Forge 的录音功能 …… 85
### 第二节 声音的剪辑 …… 85
　　一、声音的大小控制 …… 86
　　二、声音的剪辑 …… 93
　　三、音效处理 …… 97
### 第三节 语音转文字 …… 103
　　一、输入法——语音快速输入文字 …… 103
　　二、微信语音识别文字 …… 105
　　三、讯飞语记（手机 APP）…… 105
　　四、讯飞随身译（微信公众号）…… 107
　　练习和作业 …… 107

## 第七章 视觉媒体——数字图像处理 …… 108
### 第一节 数码单反相机摄影 …… 108
　　一、数码相机尼康 D7100 的使用 …… 108
　　二、数码相机的维护 …… 115
### 第二节 扫描仪的使用 …… 116
　　一、扫描仪的技术指标 …… 116
　　二、扫描仪的操作步骤 …… 117
　　三、扫描仪使用注意事项 …… 117
### 第三节 OCR …… 118
　　一、汉王 PDF OCR …… 118
　　二、网页版 OCR …… 121
　　三、百度文库（工具-图片转文字）
　　　　——手机 APP …… 121
　　四、手机输入法（文字扫描）…… 122
### 第四节 Photoshop 图像编辑 …… 122
　　一、Photoshop CC 2017 的基本操作 …… 123
　　二、Photoshop CC 2017 实例 …… 126
　　练习和作业 …… 135

## 第八章 视听觉媒体——数字视频的非线性编辑 …… 137
### 第一节 Premiere 视频编辑 …… 137
　　一、视频编辑的基本概念 …… 137
　　二、视频编辑的基本流程 …… 137
　　三、Premiere Pro CC 2017 的工作界面 …… 138
　　四、Premiere Pro CC 2017 实例 …… 146
### 第二节 会声会影视频编辑 …… 156
　　一、会声会影 X9 步骤面板 …… 156
　　二、应用影音快手制作视频 …… 158
　　三、倒计时效果的制作 …… 160
### 第三节 爱剪辑 …… 167
　　练习和作业 …… 167

## 第九章 教学设计——微格教学实践 …… 168
### 第一节 教学技能分类和应用要点 …… 168
　　一、导入技能——开门之技 …… 168
　　二、教学语言技能——基本之技 …… 168
　　三、提问技能——交流之技 …… 168
　　四、讲解技能——表达之技 …… 168
　　五、变化技能——风格之技 …… 169
　　六、强化技能——巩固之技 …… 169
　　七、演示技能——动手之技 …… 169
　　八、板书技能——门面之技 …… 169
　　九、结束技能——关门之技 …… 169
　　十、课堂组织技能——管理之技 …… 170
### 第二节 微格教学实践 …… 170
　　一、微格教案格式 …… 170
　　二、微格教学教案实例 …… 171
　　三、自评、互评、教师评价 …… 173
### 第三节 微课 …… 175
　　一、Camtasia Studio …… 175
　　二、小影 …… 175
　　练习和作业 …… 176

## 第十章 其他教学支持服务 …… 177

第一节 字幕软件：Aegisub、Arctime……… 177
　一、Aegisub……………………………… 177
　二、Arctime……………………………… 177
第二节 网络办公协作：TIM、Tower、
　　　 钉钉、石墨文档……………………… 178
　一、TIM ………………………………… 178
　二、Tower ……………………………… 179
　三、钉钉 ………………………………… 179
　四、石墨文档 …………………………… 179
第三节 多屏互动：TV、PC、HP、PAD…… 180
第四节 混合式学习平台 …………………… 181
　一、UMU（网页版+手机 APP）………… 181
　二、雨课堂（网页版+手机 APP）……… 182

三、Moodle365 移动学习平台
　（网页版+微信公众号）………………… 183
第五节 知识分享 …………………………… 183
　一、二维码和草料二维码 ……………… 183
　二、H5 分享：PP 匠 …………………… 184
第六节 理论学习、实验评讲、智能考评…… 185
　一、理论学习 …………………………… 185
　二、实验讲评 …………………………… 185
　三、智能考评系统 ……………………… 185
附录 A　推荐师范生阅读书目 …………… 186
附录 B　推荐师范生关注网站 …………… 188
附录 C　推荐师范生关注国家教育规划和
　　　　广东省教育规划及相关政策……… 189

# 第一章 思维导图——整理知识地图

## 第一节 思维导图简介

### 一、概述

托尼·巴赞（Tony Buzan）因创建了"思维导图"而以"世界大脑先生"闻名国际，他不仅是大脑和学习方面的世界顶尖演讲家，还是"心智文化概念"的创作人。他致力于帮助有学习障碍者，同时也拥有全世界最高创造力 IQ 的头衔。托尼·巴赞被称为"智力魔法师"，是世界记忆力锦标赛、世界快速阅读锦标赛、思维奥林匹克运动会的创始人，出版了 87 部专著或合著，系列书销售量已达到一千万册。

思维导图又叫心智图，是应用于学习、思考、记忆等的思维"地图"，它通过运用图文并重的技巧，把各级主题的关系用层级图联系起来，是表达发散性思维的有效图形思维工具，如图 1-1 所示。

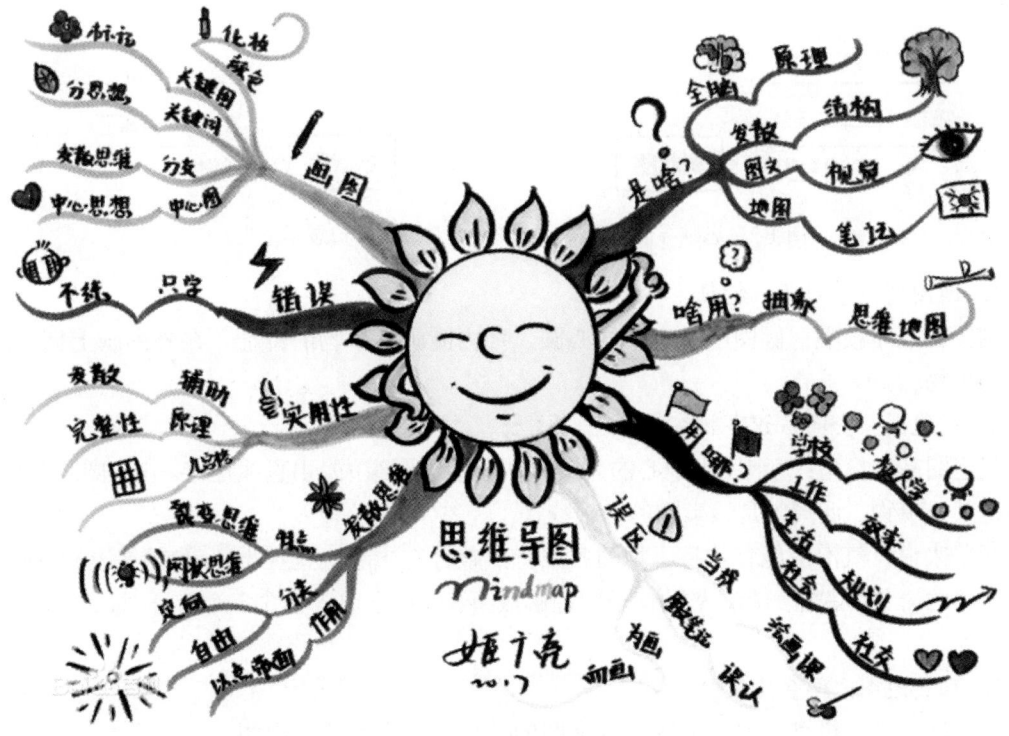

图 1-1 思维导图

## 二、思维导图的八种常见基础类型

从简单入手，根据思维导图的呈现形式分类，常见的有圆圈图、气泡图、双气泡图、树状图、括号图、流程图、多流程图、桥状图这八种，如图 1-2 所示。每一种都有独特作用，在教学中也有最适合的应用情境。

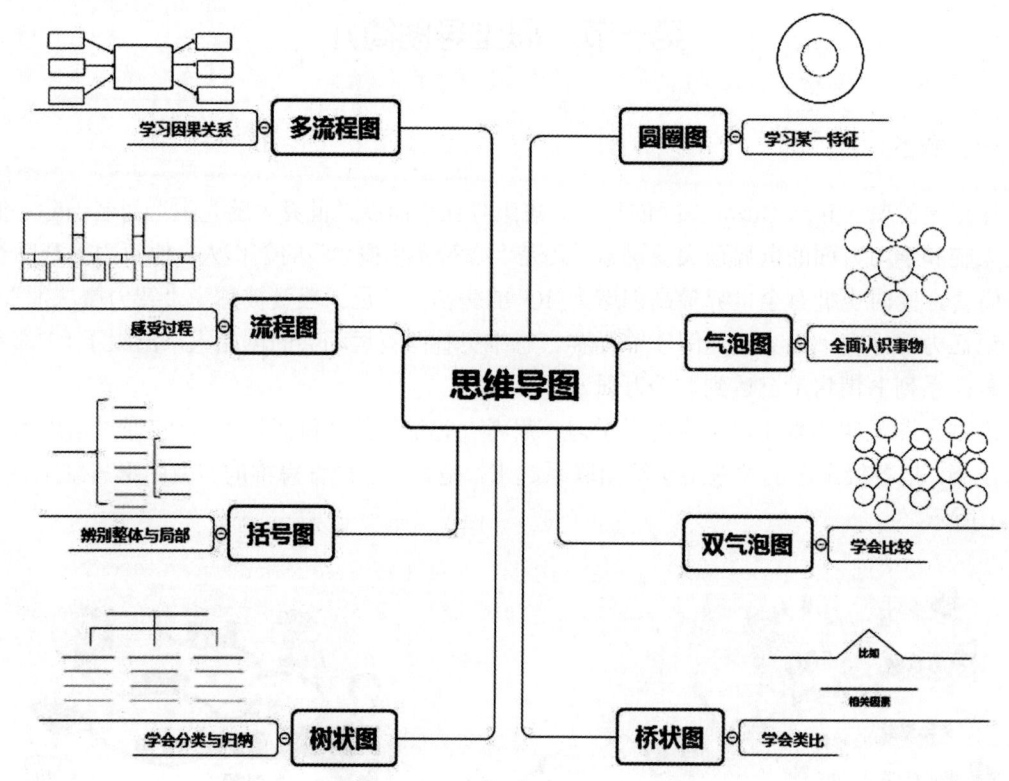

图 1-2　思维导图常见样式（该图引自"幼师口袋学堂"）

1. 圆圈图：学习某一特征

圆圈图基本模型：圆圈图是一个同心圆，在内圈画上事物的特征，在外圈画上拥有这些特征的事物。

2. 气泡图：全面认识事物

气泡图基本模型：气泡图由中心的大圆和四周的小圆组成，由直线连接。它与圆圈图相反，中心是某一事物，四周则是该事物的各项特征。

简单来说，气泡图能有效将事物的各项特点整合在一起，直观再现事物的完整特征；或是将琐碎的情节串联在一起，帮助孩子们理解故事。当教学内容包含多个特征时，气泡图一定能帮到你。

3. 双气泡图：学会比较

双气泡图基本模型：双气泡图是气泡图的变种，是由两幅气泡图结合而成的。中心的两个事物的特征展开后，有的相同、有的不同便形成了上图中的结构。

双气泡图可以清晰地表现事物间的相同与不同，在了解某些类似的事物后，引导孩子用这种方式加以比较，对逻辑思维能力的提高有显著的促进作用。

4. 树状图：学会分类与归纳

树状图基本模型：树状图因形似散开的树枝而得名，从主题开始分散出各个子类是其特征。

分类归纳是重要的生活能力，也是重要的数学概念，对孩子的思维开发有很大帮助。而分类的过程也是一个提取事物特征并分析的过程，是对事物特征更深入的学习。使用树状图能让孩子更容易地完成分类归纳。

5. 括号图：辨别整体与局部

括号图基本模型：括号图由大大小小的括号组成，从对象出发，用括号的形式将整体与局部区分。括号图与气泡图类似，却又不同，括号图指向组成事物的各个部分，而气泡图指向事物内在的各个特征。

比起事物间抽象的联系，整体和局部这种具象的关系更容易被孩子接受。利用括号图帮助孩子看透事物的组成，为进一步的探究打好基础。

6. 流程图：感受过程

流程图基本模型：流程图由箭头串联起的小框组成，用来表示步骤、先后顺序或事件发展的过程。

由于理解能力有限，很多时候将一件事按步骤拆分开来能够帮助孩子更好地理解。如果想要教授的知识点有点难、想要讲述的事情有点复杂，不妨试试流程图。

7. 多流程图：学习因果关系

多流程图基本模型：多流程图是流程图的升级版，普通的流程图是单一的，难以解释复杂的事件，而多流程图则弥补了这一缺陷。多流程图左边的小框代表事件的原因，中间的大框代表事件，右边的小框代表事件的结果。

理解事物间的因果关系是孩子需要掌握的重要能力，也是为今后的学习打下基础的重要能力。多流程图的形式有效地将抽象的因果关系变成了具象的画面，有助于帮助孩子理解。

8. 桥状图：学会类比

桥状图基本模型：桥状图略微有些复杂，由一根桥型的横线串联，根据最下面定义的相关因素，在横线上面和下面填写具有关联性的一组事物，然后在桥的另一端再列出有相似主题的事物。

桥状图将画面分为上下两部分，类比的意图便被简单地显现出来了。类比也是一个十分抽象的概念，而桥状图将这种抽象化为了具象。

### 三、思维导图的别称及绘制技法

思维导图又称脑图、心智地图、脑力激荡图、灵感触发图、概念地图、树状图、树枝图或思维地图，是一种图像式思维的工具以及一种利用图像式思考的辅助工具。思维导图是使用一个中央关键词或想法引起形象化的构造和分类的想法；它用一个中央关键词或想法以辐射线形连接所有的代表字词、想法、任务或其他关联项目的图解方式。绘制思维导图技法如图1-3所示。

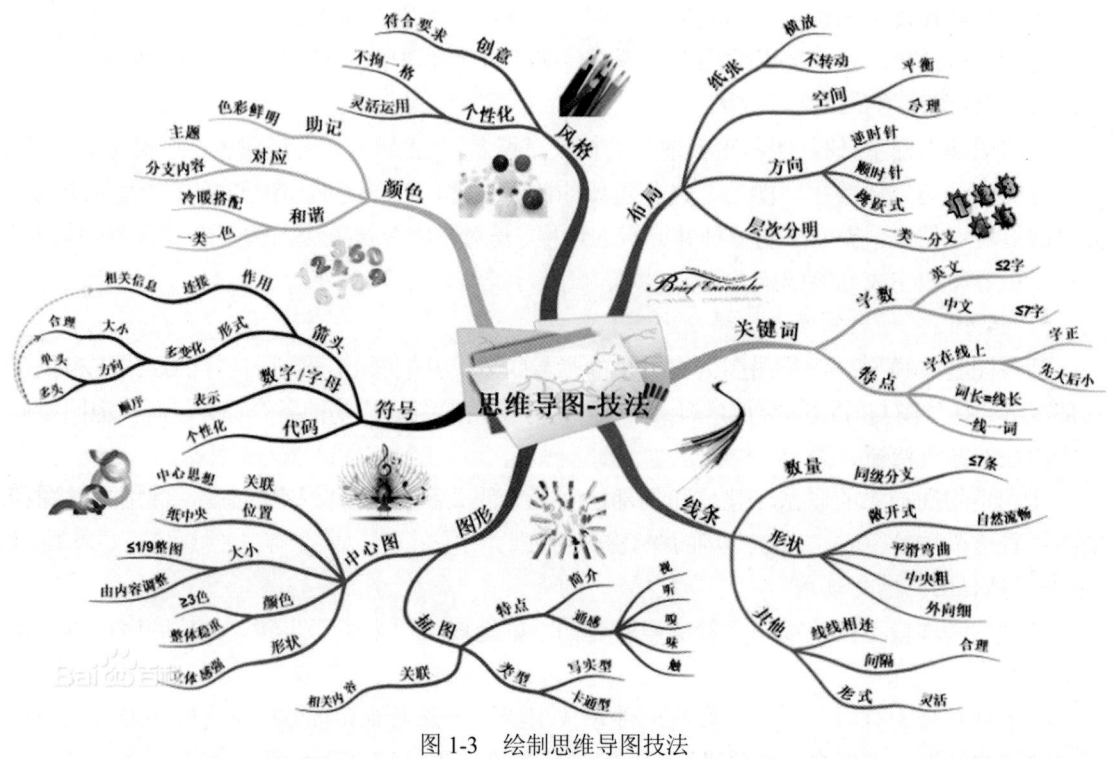

图 1-3　绘制思维导图技法

**四、思维导图适用情境**

概括而言，思维导图适用于以下情况：

1. 阅读书籍

如果是理论性书籍，很多情况下前后章节连续性不是很强，就可以读完一章之后进行一次整理；如果是整体性较强的书籍，并且在短时间内可以阅读完成，就可以读完全书一并制作思维导图。大家可以根据实践情况和书籍难度自行判断。

2. 构建框架

可以直接将书籍的目录录入到思维导图中，也可以选择比较重要的部分录入。主要的目标是将书籍中最重要的部分框架清晰地反映在思维导图中。

3. 录入重点

将书中的重点论证部分录入思维导图，同时将自己摘录、勾画的部分录入，这个时候不必变更书中原句，简单录入即可。这时有两种内容，第一种是和书籍框架及论证有关的，放入导图的对应分支下；第二种是与框架无关的，可以在导图中建立一个"杂项"的分支，将所有内容统统扔进这个分支下。

4. 调整方式

如果读书的目的不是为了了解作者的思路或者纯粹和作者有关的东西，那么不用关心作者或者本书的思维框架如何，而是尽可能关心书中某些部分。比如《如何阅读一本书》关心如何做分析阅读，如何做检视阅读，如何做主题阅读，那么可能要做三个主要的分支。

5. 论证引入

将内容和论证放入相应分支中，完成整体框架的构建，这时候就是该细化的时候了。

6. 细化语言

细化每个分支的逻辑性和语言。

框架已经有了，每个分支下也有了一定内容，但是每个独立分支下的逻辑性并不清楚，需要将书中原话转变成自己理解的话语并尽力简化。同时，将这些句子的逻辑关系理清，用分支的形式体现出来，这时就有了一个层次、逻辑清楚的思维导图了。

7. 处理杂项

大家没有忘记杂项中还有很多内容吧，处理一下这些句子，有些内容可以放入前面整理出的框架中，有些东西则和全书整体框架并不相关。

8. 内容归档

比如管理一个专门的导图，日常杂项一个导图，谈读书系列一个导图。将杂项中的内容分门别类地归入这些导图中去，不必太过在意构架和体系，可以同样在它们中再建立杂项，扔进去就 OK 了。等到想用的时候再说，到时候不过是一个搜集资料的过程而已。同时，最好注明该条出自哪本书和页码。

### 五、利用思维导图增强记忆力和注意力

当我们有以下困惑时，学习思维导图可以提升学习技巧，帮助大脑记忆和梳理知识。

- 记忆力太差。
- 学科科目太多，要做很多练习、实验和作业，脑子很乱。
- 脑子塞满东西，考试就是想不起来，反应迟钝。
- 考试时紧张而忘记答案。
- 做题时思路很乱，不知如何下手。
- 笔记密密麻麻，复习时不知如何梳理知识点。
- 丢三落四，记不起一些小事。
- 学过的知识忘记的特别快。

我们可以通过绘制思维导图的方式，锻炼记忆力，充分激发大脑潜能。通过简单和有效的"画"的方法，来记录思考和创作的过程，不仅综合了理解力和想象力，还系统地梳理并扩展知识，使得知识牢牢地扎根在大脑中，在教、学、考的过程中做到游刃有余。

思维导图的积极效应：

- 成倍提高你的学习速度，更快地学习知识与复习知识。
- 快速系统地整合知识，为知识的融会贯通创造极其有利的条件。
- 向你喜欢的优秀人物学习，并超越你的偶像和对手。
- 有了这个学习和思维的习惯，你将能够达成众多你想达成的目标，包括快速系统地记笔记，顺利通过多种考试，高效轻松地学习、写作、演讲等。
- 你的思绪可以任意驰骋，将联想扩展到极致，这样很难漏掉任何一个与关键知识点相关联的要素。

- 你可以随时展开想象的翅膀，一边思考，一边"涂鸦"，其乐无穷!
- 思维导图所采用的"关键词"方法迫使我们思考事物的关键点。
- 采用了色彩和图形，能充分调动大脑，因此，你的记忆力可以倍增。

任何时候你要想理清思路、组织信息、加强记忆、提高学习和工作效率，思维导图都能够给你提供帮助。

思维导图不仅能够用来做笔记、进行各科学习内容的总结和复习，还能够用来进行人际沟通，用于演讲、工作等。运用思维导图记录学习笔记和整理知识地图，不仅简单，而且极其有效。

## 第二节 幕布

### 一、初识幕布

越来越多的同学不再依赖纸笔，反而充分利用手机 APP 来记录课堂笔记。接下来认识幕布，如图 1-4 所示，网址为 https://mubu.com/。

幕布，一款在线的思维概要整理工具，将思维以树形结构方式快速整理，书写成文。其记录过程简单，可以将思维落地，使用过程中需要用到 Enter、Tab（缩进）和 Shift+Tab（取消缩进）三个快捷键，其他编辑功能的快捷键不再赘述。幕布支持多平台运行，如图 1-5 所示。

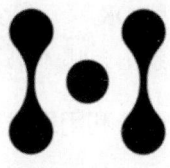

图 1-4 幕布

图 1-5 幕布支持多平台运行

大纲笔记，条理更清晰的写作方式；思维导图，超好用的思维辅助工具。在幕布中，大纲笔记与思维导图可以一键转换，再也不需要为思维导图的编辑而头疼，幕布帮你将宝贵的精力节省下来，让你专注于内容创作。

二、幕布的基本操作

幕布非常容易上手，初次使用需要注册账号，建议直接使用社交平台账号快速登录，如图 1-6 所示。

图 1-6　幕布登录界面

整个操作界面简洁，初次登录有动态教程向导，没有过多的按钮，如图 1-7 所示。

图 1-7　幕布操作界面

进入文档，右上角的图标按钮分别是："查看思维导图""演示模式""分享""帮助""搜索框""更多"，如图 1-8 所示。其中"更多"包括"界面设置""导出/下载"和"打印"，如图 1-9 所示。"界面设置"如图 1-10 所示，可选择"默认主题"和"夜间模式"；"导出/下载"如图 1-11 所示，支持 Word、PDF、图片、HTML 和 OPML 多种文件格式的导出，方便分享，除此之外，也可以直接复制文档内容，粘贴到任何地方。

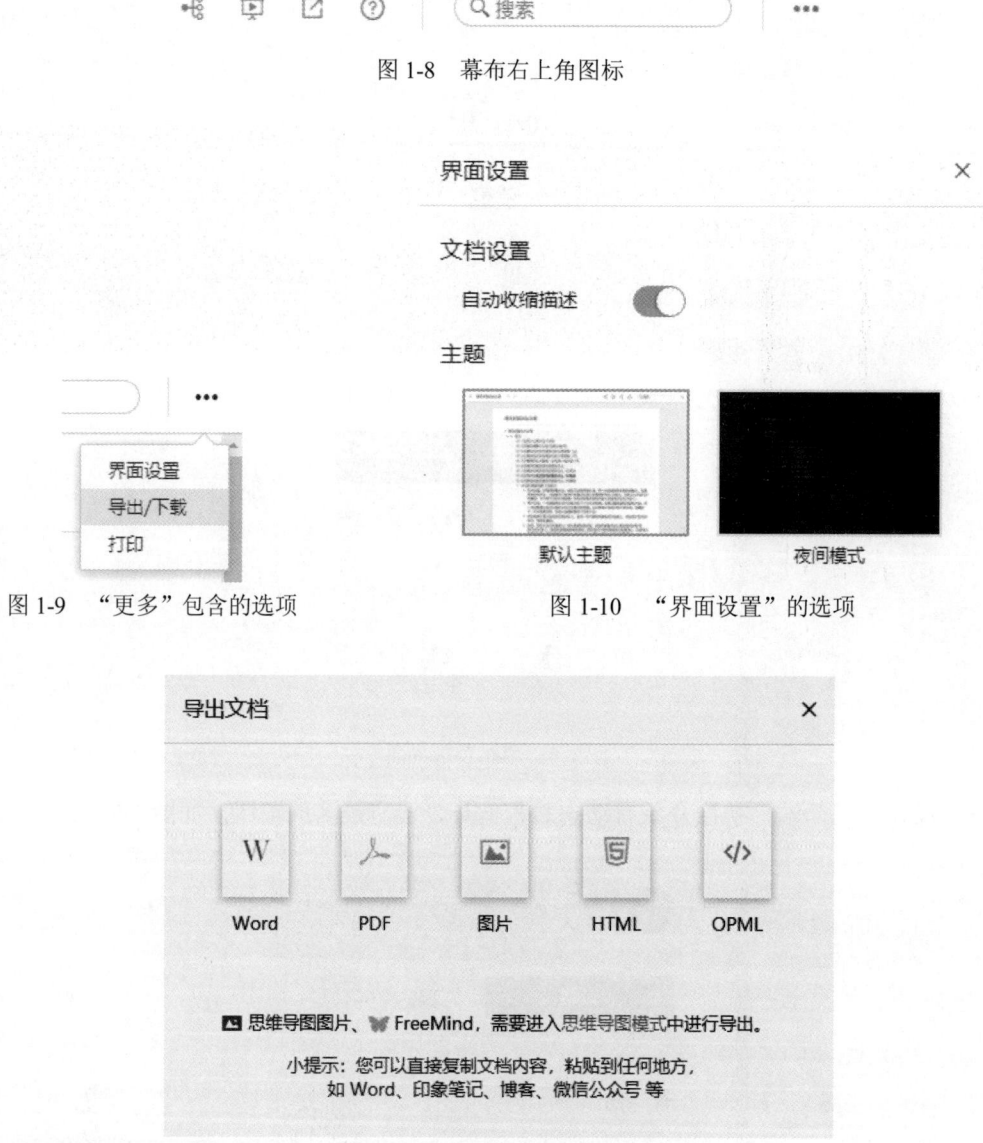

图 1-8　幕布右上角图标

图 1-9　"更多"包含的选项　　　　图 1-10　"界面设置"的选项

图 1-11　"导出/下载"的选项

### 三、幕布示例

使用幕布整理课堂笔记，如图 1-12 所示；可以将笔记意见转换为思维导图，如图 1-13 所示。

知识学习效果：有效提取与记忆
- 左右脑记忆
  - 左脑（理性：抽象脑、学术脑）：逻辑、语言、数学、文字、推理、分析
  - 右脑（感性：艺术脑、创造脑）：图画、音乐、韵律、情感、想象、创造
- 分类记忆：共鸣，例：临近下课或培训结束，如何结语+长话短说
- 多线索记忆：
- 精加工记忆：大量的案例、理论和事实，要归纳加工
- 重复记忆：重要的事情说（用不同方式强化）三遍

图 1-12  课堂笔记（实例）

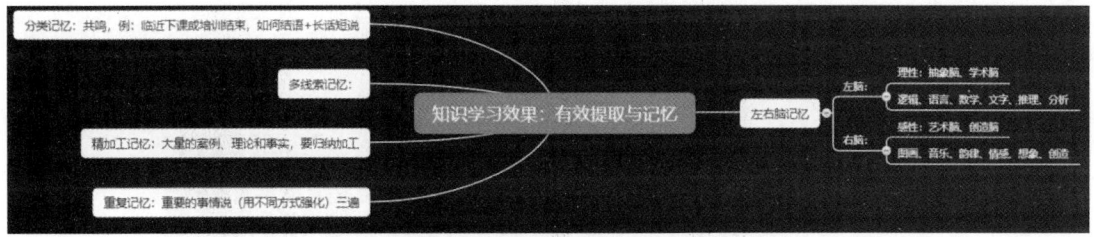

图 1-13  思维导图（实例）

外观样式可修改，如图 1-14 所示。

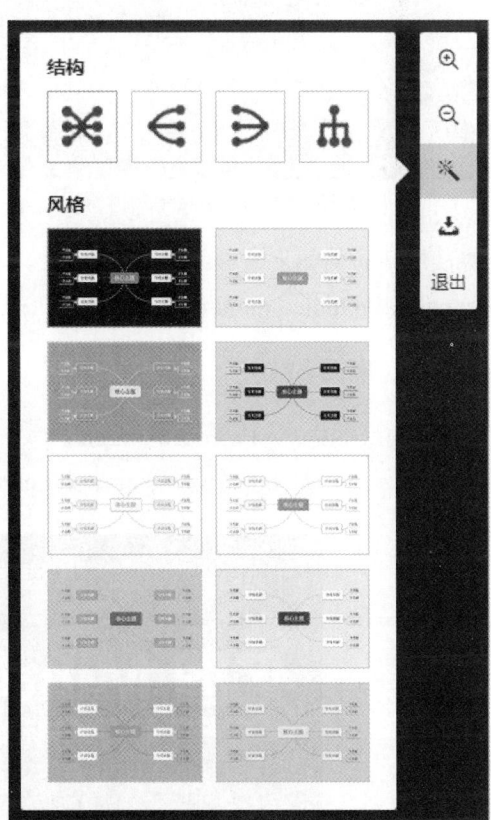

图 1-14  思维导图样式（结构和风格）

## 第三节 其他思维导图工具软件介绍

### 一、MindManager（收费，功能强大）

MindManager 由美国 mindjet 公司（如图 1-15 所示）开发，网址 http://www.mindmanager.cc/。

图 1-15　mindjet 公司

MindManager 2018 最新版如图 1-16 所示。

图 1-16　MindManager 2018

MindManager 2016 免费试用请访问如下链接：
http://xiazai.mindmanager.cc/trial/mindjet_mindmanager_2016_trial.exe

### 二、亿图 MindMaster（免费，模板丰富）

Edraw 软件如图 1-17 所示，网址 http://www.edrawsoft.cn/。

亿图 MindMaster 如图 1-18 所示，网址 http://www.edrawsoft.cn/mindmaster/。

图 1-17　Edraw 软件

图 1-18　亿图 MindMaster

## 三、MindNode（英文版）

MindNode 基于 MAC 和 IOS，常用于制作思维导图，没有流程图功能，如图 1-19 所示，网址 https://mindnode.com/。

图 1-19　MindNode

## 四、百度脑图（无需安装包）

联网+百度账号登录即可使用，如图 1-20 所示，网址http://naotu.baidu.com/。

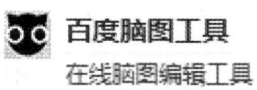

图 1-20　百度脑图

百度脑图的编辑界面如图 1-21 所示。

图 1-21　"百度脑图"编辑界面

# 练习和作业

## 一、练习

1．掌握手绘思维导图的基本技法。

2．掌握"幕布"的基本操作，包括：安装、注册、登录、教程预览、新建文件夹或文件等。

3．掌握"幕布"的编辑和导出功能，包括：文档编辑、快捷键、查看思维导图、导出和分享。

以上 2 和 3 的操作简单易上手，电脑端、手机 APP 和微信公众号均可。

二、作业

1．提问：求职更注重经验还是能力？请 4 人一组，绘制并分享思维导图（也可以选择其他主题完成该项作业，比如说：课堂笔记、学科知识点、读书笔记、日程安排、辩论思维、竞赛组织等）。

2．提问：初中生"中二病"应该严格管教、放任自由还是心理干预？请 6 人一组，绘制并分享思维导图。

3．提问：传统课室和翻转课堂的围桌教室，请对比各有什么优劣？请 4 人一组，绘制并分享思维导图。

4．如果你试用过以下软件，请完善以下表格：

| 软件 | 优势 | 劣势 | 共性 | 是否收费 |
| --- | --- | --- | --- | --- |
| 幕布 | 更适合记录笔记、提纲；一键生成的思维导图 | 思维导图的外观样式和下载为图片，都要高级版（收费） | 导出分享 | 基本功能免费部分功能收费 |
| MindManager | 功能丰富 | 收费昂贵 | | 2016 有免费版 |
| 亿图 MindMaster | 免费，操作简单，模板丰富 | | | |
| MindNode | 画面精美 | 兼容性差，没有流程图 | | |
| 百度脑图 | 无需安装包，联网+百度账号登录即可使用 | | | |

# 第二章　调查问卷——教学舆情分析

## 第一节　问卷法简介

问卷法是目前调查中较为广泛使用的一种方法。问卷是指为统计和调查所用的、以预设问题的方式表述问题的表格。问卷法就是研究者用这种可控式的测量对所研究的问题进行度量，从而搜集到可靠的资料的一种方法。

传统问卷法大多用邮寄、个别分送或集体分发等多种方式发送问卷。调查者根据表格所问来填写答案。问卷法的主要优点在于标准化和成本低。因为问卷法是以设计好的问卷工具进行调查，问卷的设计要求规范化并可计量。一般来讲，问卷较之访谈表要更详细、完整和易于控制。

随着信息化社会的发展和城市教育现代化的推进，教育教学也应与时俱进，这离不开信息化技术手段在教育教学领域的广泛运用。

现今，流行的问卷调查辅助工具有很多，既支持电脑端 Web 访问，也支持移动端 APP、移动端微信公众号或微信小程序。典型的代表有问卷网、问卷星等，非常受用户欢迎。

问卷网（免费）是免费专业的"在线调研、报名表单、考试测评"平台，拥有海量调查问卷模板，不限答题数，自适应手机答题，快速帮用户完成调查问卷任务，如图 2-1 所示。

图 2-1　问卷网

问卷星（免费）可以调查、考试和测评，不限题数和答卷数，支持 32 种题型+手机填写+微信红包+自动分析等功能，如图 2-2 所示。

图 2-2　问卷星

## 第二节　问卷网

问卷网，支持多平台实时同步互动，可以满足用户更多应用情境，如图 2-3 和图 2-4 所示。

图 2-3　问卷网支持多平台同步互动

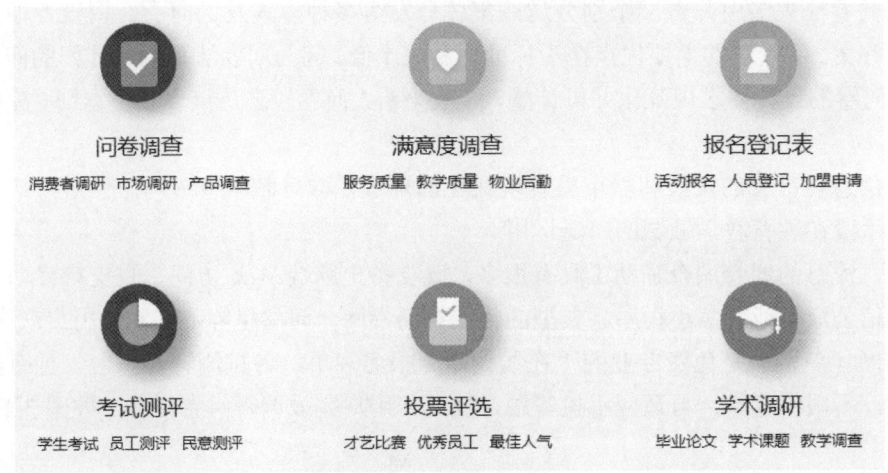

图 2-4　问卷网应用情境

接下来我们以问卷网为例，设计表单或问卷进行教学舆情分析，掌握教学动态。

### 一、基本功能概述

（1）创建问卷快速轻松，如图 2-5 所示。
- 27 种题型涵盖各种问卷设计需求。
- 200000+精品模板供引用。
- 逻辑设置可以设置题目间的逻辑关系。
- 快速导入已有问卷。

（2）多种渠道分享，如图 2-6 所示。
- 不限答卷收集数量。
- 发红包、引导关注等强大的微信匹配功能。
- 28 种免费的精美主题供选用。
- 支持百万级用户同时在线答题。

图 2-5 创建问卷

图 2-6 分享问卷

（3）实时地分析图表，如图 2-7 所示。
- 直接生成各种精美报表。
- 问卷数据永久保存和免费下载。
- 数据可直接导入 SPSS 进行分析。
- 交叉分析和数据筛选。

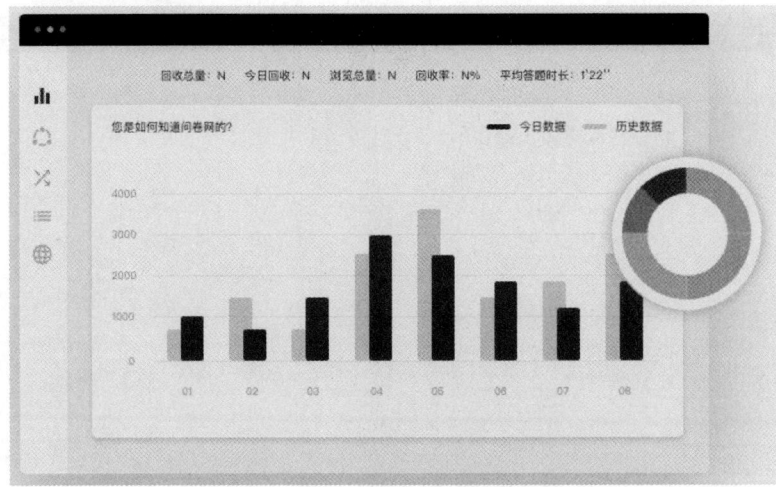

图 2-7　实时地分析图表

## 二、操作步骤

1. 登录

登录电脑端网页"问卷网",选择创建类型,如图 2-8 所示。

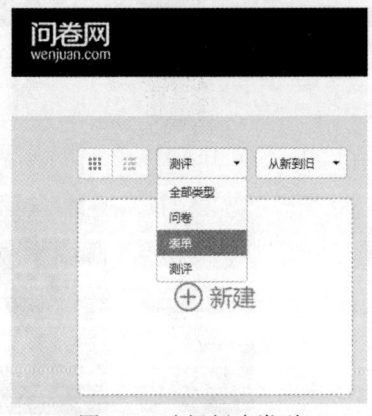

图 2-8　选择创建类型

2. 表单

创建一个表单,调查基本教学舆情信息,请学生完成反馈表单,如图 2-9 所示。

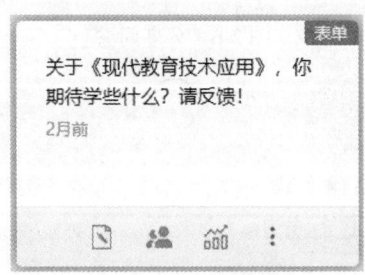

图 2-9　表单(实例)

（1）编辑表单：常用题型丰富，可根据需要选择，如图2-10所示。

图2-10　编辑表单

（2）收集数据：开始收集，可以是表单链接、二维码分享、有偿收集、短信收集或其他收集方式，如图2-11所示。

图2-11　收集数据的方式

（3）数据报表：表单数据可以"显示选择字段""筛选数据""全屏显示"，也可以导出自用或分享给他人，如图2-12所示。

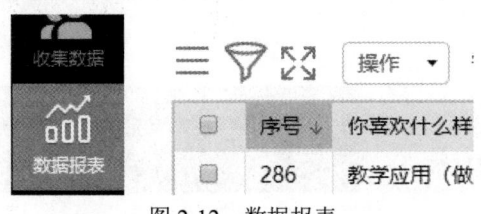

图2-12　数据报表

3. 问卷

创建一个问卷，如图 2-13 所示。

图 2-13　创建"问卷"（实例）

数据报表呈现如图 2-14 所示。

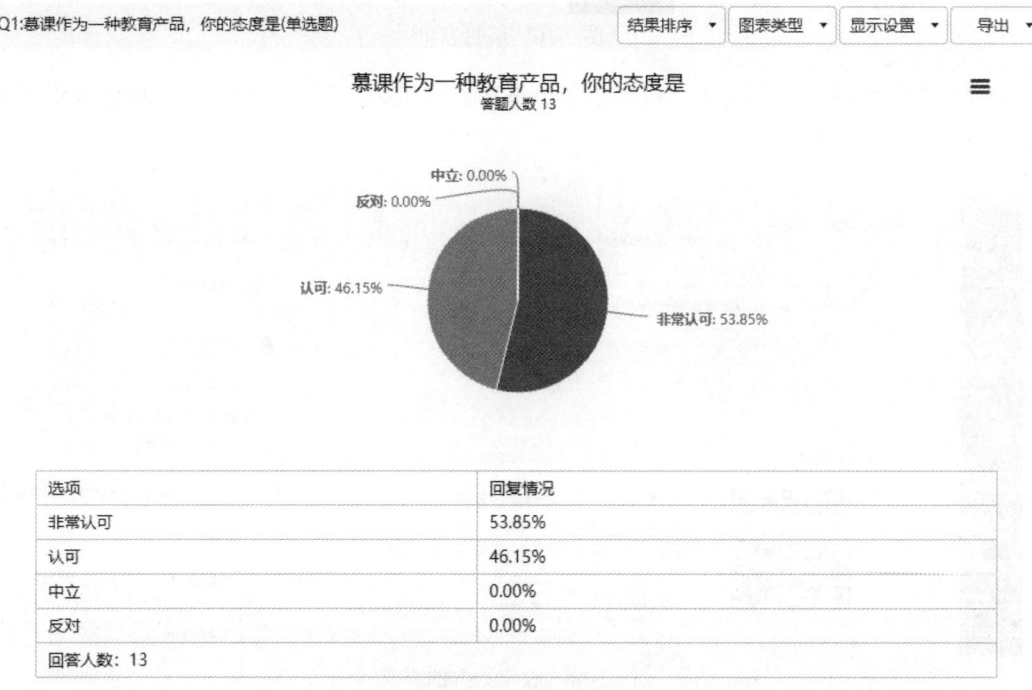

图 2-14　数据报表

4. 测评

如图 2-15 所示，除了创建全新测评，还可以引用测评模板、复制已有测评；其中新建测评如图 2-16 所示。

图 2-15　创建"测评"

图 2-16　新建"测评"

关于问卷网的手机端 APP 和微信公众号"问卷网",使用也非常简单,均可实时更新数据报表,此处不再赘述。

## 第三节　腾讯投票(微信小程序)

手机微信小程序"腾讯投票"简单有趣,可以实时呈现投票情况,不但能分享统计投票结果,还能存储历史投票以供查询。

### 一、打开"腾讯投票"

**方式一**:通过"扫一扫"这个小程序码,就可以直接打开"腾讯投票"小程序,如图 2-17 所示(提示:正确的做法是先拍照,遇到不方便用手机直接扫描的情况,或者要分享此小程序二维码给别人,可以将该图片先保存在手机中,事后打开微信,在扫一扫里打开本地相册中保存的该照片进行识别,从而打开腾讯投票小程序)。

**方式二**:微信搜索关键字

微信搜索框可以搜索小程序,在搜索框或者微信新上线的搜一搜功能中直接输入"腾讯投票"关键词,就可以直接访问投票小程序,如图 2-18 所示。

图 2-17　腾讯投票(小程序二维码)

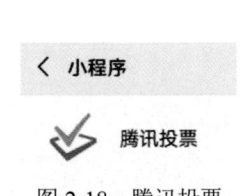

图 2-18　腾讯投票

## 二、如何使用腾讯投票小程序

### 1. 投票类型

"腾讯投票"小程序用户界面简洁又不失美感，令使用者一目了然。"新建"包括两种类型：单选投票与多选投票。在"我的"里边可以看到已经创建过的投票列表，如图 2-19 所示。

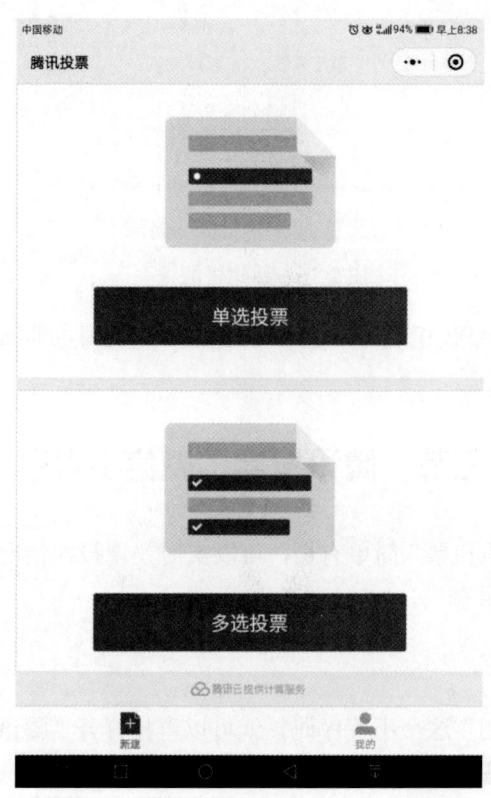

图 2-19　腾讯投票小程序的入口及使用

### 2. 实名/匿名投票

实名投票可以在投票截止日期前更改自己的投票选项，因此截止日期的投票结果才是最终结果。投票发起人可在截止日期后统计投票结果。

涉及私密或敏感话题的投票，可开启匿名投票，有利于参与者按个人意愿投票。匿名后，投票参与者互不能看见对方的头像昵称，只能看到选项占比。匿名投票选定提交后是不能更改投票选项的。

# 练习和作业

## 一、练习

1. 掌握问卷网的各个功能，创建表单/问卷/测评，查看并导出结果。

2．掌握"腾讯投票"基本使用方法，设置实名/匿名和截止时间，查看投票结果。

## 二、作业

1．创建问卷网表单，统计班级学生党员基本信息和联系方式（至少 10 条学生党员基本信息的数据记录）。

2．创建问卷网问卷，统计分析学习本课程后的学生反馈（掌握、理解、不明白、完全不会）和考研意向（考研（本专业）、考研（转专业）、不考研）的结果和数据趋势。

3．创建问卷网测评，设计一个 10 道题（不同题型）的测评试卷，并导出测试成绩。

4．用手机微信小程序"腾讯投票"，新建一个单选投票，统计毕业答辩时间选项（上午或下午），查看投票结果。

5．用手机微信小程序"腾讯投票"，新建一个多选投票，统计小组讨论会议时间选项（周一至周日晚），查看投票结果。

# 第三章  网络检索——获取学习资源

## 第一节  初识搜索引擎

搜索引擎（Search Engine）是指根据一定的策略、运用特定的计算机程序从互联网上搜集信息，在对信息进行组织和处理后，为用户提供检索服务并将检索到的相关信息展示给用户的系统。搜索引擎包括全文索引、目录索引、元搜索引擎、垂直搜索引擎、集合式搜索引擎、门户搜索引擎与免费链接列表等。

一个搜索引擎由搜索器、索引器、检索器和用户接口四个部分组成。搜索器的功能是在互联网中漫游，发现和搜集信息。索引器的功能是理解搜索器所搜索的信息，从中抽取出索引项，用于表示文档以及生成文档库的索引表。检索器的功能是根据用户的查询在索引库中快速检出文档，进行文档与查询的相关度评价，对将要输出的结果进行排序，并实现某种用户相关性反馈机制。用户接口的功能是输入用户查询、显示查询结果、提供用户相关性反馈机制。

### 一、常见的搜索引擎

1. 百度（Baidu）

百度为全球最大的中文搜索引擎，是国内用户使用最多的搜索引擎，如图3-1所示，网址http://www.baidu.com。

图3-1  "百度"界面

2. 必应（Bing）

必应，是微软公司于2009年推出的全新搜索引擎，分为国内版和国际版，它的搜索界面背景图非常漂亮，如图3-2所示，网址https://cn.bing.com/。

图 3-2 "必应"界面

3. 雅虎（YAHOO!）

1999 年中国雅虎网站开通，曾是使用最广的中文搜索引擎。其网页搜索表现不错，但缺少一些应有的高级搜索功能。"雅虎香港"界面如图 3-3 所示，网址 https://hk.yahoo.com/。

图 3-3 "雅虎香港"界面

4. 谷歌（Google）

1999 年，谷歌网站正式启用，是全球公认使用最广的搜索引擎，如图 3-4 所示，中文谷歌的网址 http://www.google.com.hk。

图 3-4 "谷歌"界面

## 二、常见搜索引擎

1. Ask（网址 http://www.ask.com）

Ask 搜索引擎是国外比较出名的一款搜索引擎，其规模虽不大，但很有特色，是支持自然提问的搜索引擎,其数据库里储存了超过 1000 万个问题的答案,只要用户用英文直接输入一个问题,它就会给出问题的答案。如果用户的问题答案不在其数据库中,那么它会列出一串跟用户的问题类似的问题和含有答案的链接,供用户选择。

2. Aol Search(网址 http://www.search.aol.com)

Aol Search 是美国在线旗下搜索引擎网站,为用户提供快速、方便地访问相关视频、图片、本地地图、新闻、股市行情和更全面的网页搜索的服务。Aol Search 的搜索技术服务是由谷歌提供的。

3. DuckDuckGo(网址 http://www.duckduckgo.com)

DuckDuckGo 是一个很特殊的网络搜索引擎,和 Google、Bing 不一样,不会追踪、搜寻用户的信息,用户不必担心泄露隐私。

4. WolframAlpha(网址 http://www.wolframalpha.com)

WolframAlpha 其实是一个计算知识引擎,它真正的创新之处在于能够马上理解问题,并给出答案。它可以进行各种算术、数据分析、物理、艺术等各个行业的查询,比如你查询一个城市,它会显示和这个城市相关的数据(在地图上的位置、人口、机场、著名的公司等)。它就像一个智能的机器人,你想知道关于一个东西的所有信息,它都能告诉你。

5. Yandex(网址 http://www.yandex.com)

Yandex 搜索引擎是俄罗斯第一大搜索引擎,创建于 1997 年,目前已经发展成为一个提供搜索、图片共享、社交网络、网络支付、免费网站托管及其他服务的门户网站。

6. WebCrawler(网址 http://www.webcrawler.com)

WebCrawler 是一个融合来自谷歌搜索和雅虎搜索等世界著名搜索引擎的搜索结果的元搜索引擎。WebCrawler 为用户提供搜索图片、音频、视频、新闻、黄页和白页的选项卡。

7. 其他常见搜索引擎:

| | |
|---|---|
| MSN | http://search.msn.com |
| Excite | http://www.excite.com |
| Alltheweb | http://www.alltheweb.com |
| LookSmart | http://www.looksmart.com |
| Hotbot | http://www.hotbot.com |
| DogPile | http://www.dogpile.com |

## 第二节 搜索引擎的设置和常用语法

### 一、搜索引擎的搜索设置和高级搜索设置

1. 搜索设置

以百度为例,可以按默认方式直接搜索,也可以根据个人使用习惯进行搜索设置,如"搜索框提示""搜索结果显示条数"等,如图 3-5 所示。

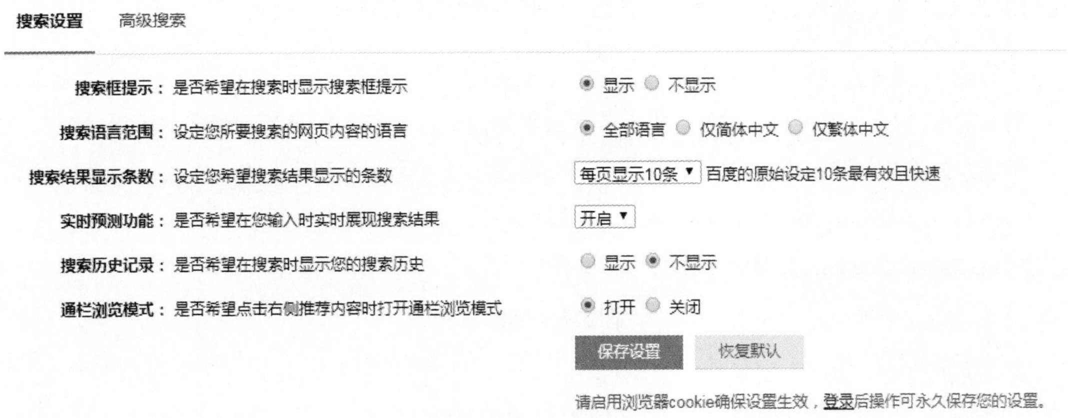

图 3-5 "百度"搜索设置

2. 高级搜索

如果对百度的各种查询语法不熟悉，可以使用百度集成的高级搜索界面，可以方便地进行各种搜索查询，如图 3-6 所示。

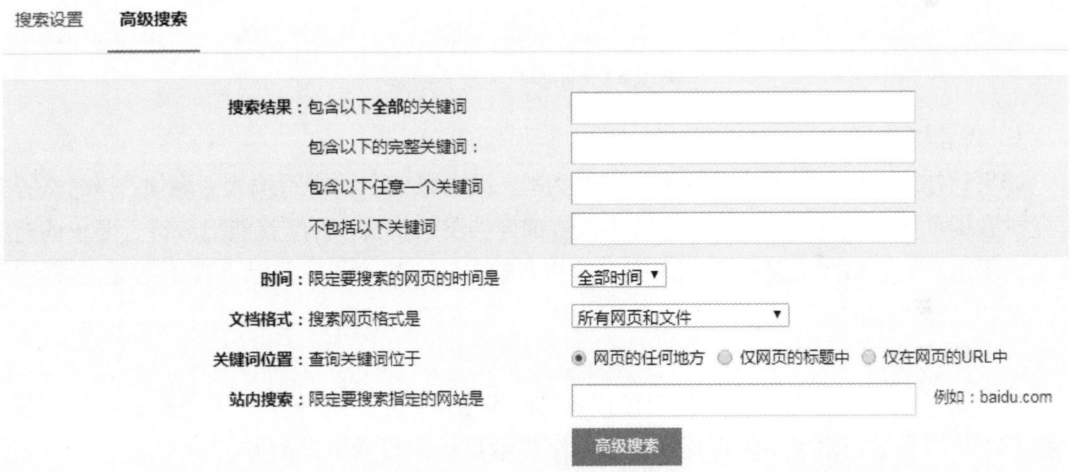

图 3-6 "百度"高级搜索

## 二、网页搜索使用技巧

1. 百度快照

如果无法打开某个搜索结果，或者打开速度特别慢，该怎么办？"百度快照"能帮您解决问题。每个未被禁止搜索的网页在百度上都会自动生成临时缓存页面，称为"百度快照"。当遇到网站服务器暂时故障或网络传输堵塞时，可以通过"百度快照"快速浏览页面文本内容。百度快照只会临时缓存网页的文本内容，所以那些图片、音乐等非文本信息，仍是存储于原网页。当原网页进行了修改、删除或者屏蔽后，百度搜索引擎会根据技术安排自动修改、删除或者屏蔽相应的"网页快照"，如图 3-7 所示。

金庸 名人堂 读书频道 新浪网

金庸简介 原名查良镛,1924年2月出生于浙江省海宁县 大学主修英文和国际法。毕生从事新闻工作,曾在上海《大公报》、香港《大公报》及《新晚报》任记者、翻译、编辑,1959年创办香港《明报》,任主编兼社长历35年,期间创办《明报月刊》、《...

book.sina.com.cn/people/jinyong/ 40K 2008-10-23 - 百度快照

book.sina.com.cn 上的更多结果

图 3-7　百度快照

2. 相关搜索

搜索结果不佳,有时候是因为选择的查询词不是很妥当。这时可以通过参考别人的搜索方式来获得一些启发。百度的"相关搜索"就是和您的搜索很相似的一系列查询词,排布在搜索结果页的下方,按搜索热门度排序。

下面是"小说"的相关搜索,如图3-8所示。单击这些词,可以直接获得搜索结果。

| 相关搜索 | 言情小说 | 小说阅读网 | 玄幻小说 | 小说网 | 小说下载 |
| --- | --- | --- | --- | --- | --- |
|  | 网游小说 | 小说网 | 武侠小说 | 网络小说 | txt小说下载 |

图 3-8　"小说"的相关搜索

3. 拼音提示

如果只知道某个词的发音,却不知道怎么写,或者嫌某个词拼写输入太麻烦,该怎么办?百度拼音提示能帮您解决问题。只要您输入查询词的汉语拼音,百度就能把最符合要求的对应汉字提示出来。它事实上是一个无比强大的拼音输入法。拼音提示显示在搜索结果上方。

例如,输入jiandan,提示:简单、煎蛋。

4. 错别字提示

由于汉字输入法的局限性,我们在搜索时经常会输入一些错别字,导致搜索结果不佳。别担心,百度会给出错别字纠正提示。错别字提示显示在搜索结果上方。

例如,输入"唐醋排骨",提示:糖醋排骨。

5. 英汉互译词典

百度网页搜索内嵌英汉互译词典功能。如果想查询英文单词或词组的解释,可以在搜索框中输入想查询的"英文单词或词组"+"是什么意思",搜索结果第一条就是英汉词典的解释,如received是什么意思;如果您想查询某个汉字或词语的英文翻译,您可以在搜索框中输入想查询的"汉字或词语"+"的英语",搜索结果第一条就是汉英词典的解释,如龙的英语。另外,您也可以通过单击搜索框右上方的"词典"链接,到百度词典中查看想要的词典解释。

6. 计算器和度量衡转换

Windows系统自带的计算器功能过于简陋,尤其是无法处理一些复杂计算式,很不方便。而百度网页搜索内嵌的计算器功能,能快速高效地解决您的计算需求。

您只需在搜索框内输入计算式 log((sin(5))^2)-3+pi，按回车键即可看到这个复杂计算式的结果。

如果您要搜的是含有数学计算式的网页，而不是做数学计算，单击搜索结果上的表达式链接，就可以达到目的。

在百度的搜索框中，您也可以做度量衡转换。格式如下：

换算数量换算前单位＝？换算后单位

例如：-5 摄氏度=?华氏度

如果需要更多信息，请查看详细的"计算器和度量衡转换"帮助。

7. 股票、列车时刻表和飞机航班查询

在百度搜索框中输入股票代码、列车车次或者飞机航班号，您就能直接获得相关信息。例如，输入"平安银行"的股票代码 000001，搜索结果显示：平安银行[000001]股票实时行情_股市通。再如，输入 K158，搜索结果显示：K158 车次查询_火车时刻查询_携程网。

8. 天气查询

使用百度就可以随时查询天气预报。

在百度搜索框中输入要查询的城市名称加上天气这个词，就能获得该城市当天的天气情况。例如，搜索"北京天气"，就可以在搜索结果上面看到北京当天的天气情况。

百度支持全国多达 400 多个城市和近百个国外著名城市的天气查询。

9. 货币换算

要使用百度的内置货币换算器，只需在百度网页搜索框中键入需要完成的货币转换，按回车键或单击"百度一下"按钮即可。

下面是一些查询示例：

　　100 美元等于多少人民币

　　1USD=?RMB

　　5 人民币换成新加坡的货币

10. 搜索框提示

百度会根据您的输入内容，在搜索框下方实时展示最符合的提示词。您只需用单击您想要的提示词，或者用键盘上下键选择您想要的提示词并按回车键，就会返回该词的查询结果。

您输入拼音或汉字，百度会给出最符合您要求的提示。例如，输入 moshou，搜索框提示中会显示"魔兽世界""魔兽秘籍"等；输入 kaix，搜索框提示中会显示"开心网""开心农场"等；输入"百度"，搜索框提示中会显示"百度地图""百度空间"等。

默认情况下，在百度主页和搜索结果页上方的搜索框都会显示搜索框提示。如果您不希望显示搜索框提示，可以在搜索框右侧"设置"的"搜索框提示"中选择"不显示"来关闭搜索框提示功能。关闭之后您还可以在搜索框右侧"设置"的"搜索框提示"中选择"显示"来重新开启它。

显示搜索框提示时，会默认显示您浏览器的搜索框历史提示功能。如果您想屏蔽浏览器的搜索框历史提示功能，请在搜索框右侧"设置"的"搜索框提示"中选择"不显示"。

## 三、搜索引擎的常用语法

### 1. 专业文档搜索

很多有价值的资料在互联网上并非是普通的网页，而是以 Word、PowerPoint、PDF 等格式存在的。百度支持对 Office 文档（包括 Word、Excel、Powerpoint）、Adobe PDF 文档、RTF 文档进行全文搜索。要搜索这类文档很简单，在普通的查询词后面，加一个"filetype:文档类型限定"。filetype:后可以跟以下文件格式：DOC、XLS、PPT、PDF、RTF、ALL。其中，ALL 表示搜索所有这些文件类型。例如，查找张五常关于交易费用方面的经济学论文。"交易费用 张五常 filetype:DOC"，单击结果标题，直接下载该文档，也可以点击标题后的"HTML 版"快速查看该文档的网页格式内容。

### 2. 高级搜索语法

（1）把搜索范围限定在网页标题中——intitle。

网页标题通常是对网页内容提纲挈领式的归纳。把查询内容范围限定在网页标题中，有时能获得良好的效果。使用的方式是把查询内容中特别关键的部分用 intitle:连起来。

例如，找林青霞的写真，就可以这样查询：写真 intitle:林青霞。

注意，intitle:和后面的关键词之间不要有空格。

（2）把搜索范围限定在特定站点中——site。

有时候，您如果知道某个站点中有自己需要找的东西，就可以把搜索范围限定在这个站点中，以提高查询效率。使用的方式是在查询内容的后面加上"site:站点域名"。

例如，天空下载站软件不错，就可以这样查询：msn site:skycn.com。

注意，site:后面跟站点域名不要带 http://；另外，site:和站点名之间不要带空格。

（3）把搜索范围限定在 URL 链接中——inurl。

网页 URL 中的某些信息常常有某种有价值的含义。于是，您如果对搜索结果的 URL 做某种限定，就可以获得良好的效果。实现的方式是 inurl:后跟需要在 URL 中出现的关键词。

例如，找关于 photoshop 的使用技巧，可以这样查询：photoshop inurl:jiqiao。

上面这个查询串中的 photoshop 可以出现在网页的任何位置，而 jiqiao 则必须出现在网页 URL 中。

注意，inurl:语法和后面所跟的关键词，不要有空格。

（4）精确匹配——双引号和书名号。

如果输入的查询词很长，百度在经过分析后给出的搜索结果中的查询词可能是拆分的。如果您对这种情况不满意，可以尝试让百度不拆分查询词。给查询词加上双引号，就可以达到这种效果。

给搜索词加双引号，代表完全匹配搜索，也就说，搜索结果返回的页面包含双引号中出现的所有词，连顺序也必须完全匹配，即使用双引号搜索可以更精确地找到需要的页面。例如，搜索"中国大学慕课"，如果不加双引号，搜索结果众多近似，效果不是很好，但加上双引号后，就按搜索词顺序呈现符合的搜索结果。

书名号是百度独有的一个特殊查询语法。在其他搜索引擎中，书名号会被忽略，而在百度，中文书名号是可被查询的。加上书名号的查询词,有两层特殊功能:一是书名号会出现在搜索结果中;二是被书名号括起来的内容,不会被拆分。书名号在某些情况下特别有效果,例如,查名字很通俗和常用的那些电影或者小说。比如,查电影"手机",如果不加书名号,很多情况下出来的是通讯工具——手机,而加上书名号后,《手机》结果就都是关于电影方面的了。

(5)要求搜索结果中不含特定查询词。

如果您发现搜索结果中有某一类网页是您不希望看见的,而且,这些网页都包含特定的关键词,那么用减号语法就可以去除所有这些含有特定关键词的网页。

例如,搜"神雕侠侣",希望是关于武侠小说方面的内容,却发现很多关于电视剧方面的网页。那么就可以这样查询:"神雕侠侣 -电视剧"。

注意,前一个关键词和减号之间必须有空格,否则,减号会被当成连字符处理,而失去减号语法功能。减号和后一个关键词之间有无空格均可。

## 第三节　百度百科和百度经验

### 一、百度百科

百度百科,它是一部百科全书,不是个人博客或广告牌,网址https://baike.baidu.com/。百度百科不是工作人员编写的,而是网友共同创作,如果内容有误,你可以单击"编辑"按钮修改。

任何人都可以是百度百科的作者,均能够分享所知所得,具体可参照以下的使用帮助。

1. 新手入门——编辑词条　只需四步

(1)发现问题,编辑词条,如图3-9所示。

如果你发现百度百科的词条内容不正确或者不全面,你可以动手改正它(单击词条名旁边的"编辑"按钮开始编辑词条);如果百度百科没有收录你关心的词条,你可以创建新词条;如果百度百科已经收录了同名的其他义项,你可以点击义项选择区的"添加义项"。

(2)增删内容,修正错误,如图3-9所示。

你可以改正词条里的错别字,补充新资料或者删除冗余的内容;词条里可以添加图片、表格、地图等内容。记得给新添加的内容附上参考资料哦。

图3-9　编辑纠错

（3）预览效果，提交词条，如图3-10所示。

如果你已经编辑完了，可以单击右上角的"预览"看看整体的效果，看一下目录结构是不是一致，排版是不是美观，确认没问题的话就单击"提交"按钮吧。

（4）等待片刻，版本通过，如图3-10所示。

你的词条版本提交之后需要等待一段时间，系统会进行检查，你可以在"待通过版本"中看到已经提交的版本。

版本通过之后，你会收到提示，你编辑的内容也会成为词条的最新版本；当然，你的版本也可能无法通过，这时候需要依照未通过原因进行修改。

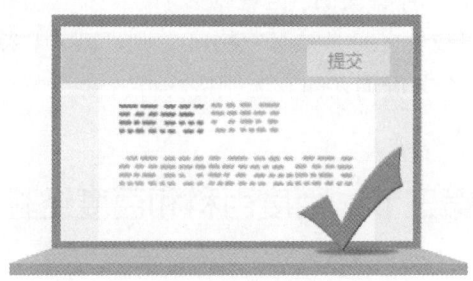

图3-10　修订通过

2. 百科理念——这些原则 你得明白

真实：百科是人人都能编辑的，但不是人人都能乱改的，所有的更改都应该有据可依。

客观：百科收集了无数信息，恶意诋毁和吹嘘夸大除外，百科全书不应该有任何个人好恶倾向。

负责：你编辑的每字每句，都会被万千网友读到并记得，所有的修改都应该对整个词条负责。

3. 编辑宝典——编辑操作 一看就会

编辑宝典如图3-11所示。

图3-11　编辑宝典

4. 常见问题——遇到问题 来这里看

常见问题如图 3-12 所示。

| 创建词条 | 如何创建一个词条？<br>什么样的词条能被创建？<br>创建词条的时候怎么选分类？<br>有一个词条跟我想创建的词条重名怎么办？<br>为什么我创建的词条没有通过审核？ | 未通过 | 什么是"参考资料不可靠"？<br>什么是"含有不客观的内容"？<br>什么是"包含广告或宣传性质的内容"？<br>什么是"词条名不规范"？<br>什么是"含有大量溢美夸耀的描述"？<br>什么是"内链不正确"？ |
|---|---|---|---|
| 编辑词条 | 百科词条有明显错误，怎么会通过呢？<br>如果某个词条名称是错的，应该怎么改正？<br>怎么合并同义词？<br>怎么拆分多义词？<br>更多常见问题 | | 什么是"义项名不正确"？<br>什么是"缺少必要的介绍"？<br>什么是"缺少参考资料"？<br>什么是"参考资料与内容不对应"？<br>什么是"内容与词条主题相关性过低"？ |

图 3-12　常见问题

5. 百科术语——专业名词 详细解读

百科术语如图 3-13 所示。

通过率　创建版本　跳转关系
义项名　　　　　　　多义词　　基本信息栏
内链　　不欢迎的内容　词条　复杂版本　特色词条
　　编辑冲突　锁定词条　可查证的来源　词条概述　概览

图 3-13　百科术语

6. 编辑规则——规则细节 深入阅读

编辑规则如图 3-14 所示。

| 通用规则 | 10分钟学会编辑百科<br>规范的词条名<br>词条名片<br>有逻辑的行文<br>可靠的来源<br>违规行为及其处罚 | 收录原则<br>规范的文字和措辞<br>完整的词条结构<br>参考资料<br>多义词判断原则<br>词条的必要介绍 | 分类指南 | 人物类特色词条编辑指南<br>明星类特色词条编辑指南<br>动画漫画游戏轻小说词条编辑指南<br>植物类特色词条编辑指南<br>历史人物类特色词条编辑指南<br>更多分类 |
|---|---|---|---|---|

图 3-14　编辑规则

总的来说，编辑百度百科也是提升信息素养的有效途径之一。

详情可查询百度百科的帮助中心，如图 3-15 所示，网址 https://baike.baidu.com/help。

图 3-15　帮助中心

## 二、百度经验

百度经验是互联网上的实用生活指南，如图 3-16 所示，网址 https://jingyan.baidu.com。

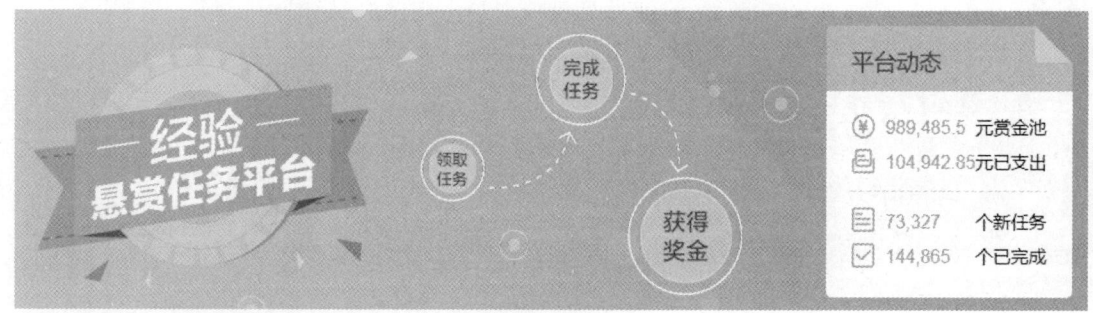

图 3-16　百度经验

在这里可以找到许多经过实践检验的办法来解决现实中遇到的问题，也可以将自己的经验贡献出来让更多人因之受益。

"任务"栏目的"悬赏令"，如图 3-17 所示。

图 3-17　悬赏令

"任务"栏目的"任务书"，如图 3-18 所示。

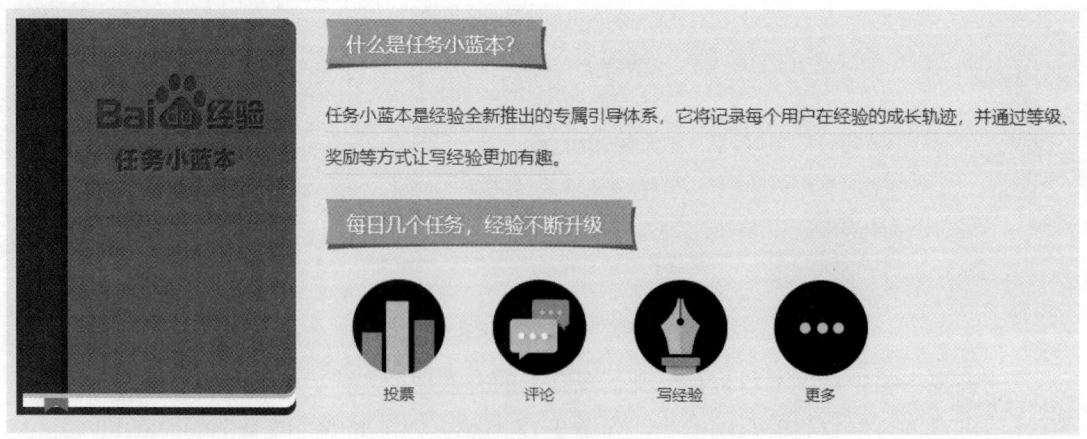

图 3-18　任务书

百度经验新增"回享"栏目,爱写爱分享可获现金,如图 3-19 所示。

图 3-19 "回享"计划

## 第四节 精品课程和慕课 MOOC

教育部在"高等学校教学质量与教学改革工程"中开展了精品课程建设工作,共组织建设了 3909 门国家精品课程,750 余所高校教师参与了课程建设。国家精品课程是具有一流教师队伍、一流教学内容、一流教学方法、一流教材、一流教学管理等特点的示范性课程。2003 年至 2010 年,国家精品课程切实推进教育创新,深化教学改革,促进现代信息技术在教学中的应用,共享优质教学资源,进一步促进教授上讲台,全面提高教育教学质量,造就了数以千万计的专门人才和一大批拔尖创新人才,提升了我国高等教育的综合实力和国际竞争能力。

MOOC(Massive Open Online Courses)是大规模在线开放课程。2012 年,美国的顶尖大学陆续设立网络学习平台,在网上提供免费课程,Coursera、Udacity、edX 三大课程提供商的兴起给更多学生提供了系统学习的可能。这三个大平台的课程全部针对高等教育,并且像真正的大学一样,有一套自己的学习和管理系统。

MOOC 拥有极其广泛的学习科目,和传统精品课程比较,区别在于 MOOC 更加注重师生互动。

精品课程和慕课 MOOC 如下(排名不分先后):

　　https://www.icourse163.org/

　　http://www.icourses.cn/home/

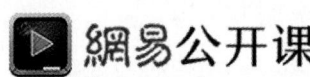 https://open.163.com/

腾讯课堂 https://ke.qq.com/

精品课 http://www.jingpinke.com/

百度优课 中小学教师工作必备 https://youke.baidu.com/

百度技术学院 百度技术让你更强 http://bit.baidu.com/

其中"精品课"网站的资源库分类清晰、内容丰富，如图 3-20 所示。

图 3-20　"精品课"网站的资源库

## 第五节　百度识图——图搜索引擎

"百度识图，鉴你所见"，百度识图是百度图片搜索的一项功能，如图 3-21 所示，网址 http://image.baidu.com/?fr=shitu。

"世界很复杂，百度更懂你"，常规的图片搜索是通过输入关键词的形式搜索互联网上相关的图片资源，而百度识图则能实现用户通过上传图片或输入图片的 URL 地址，从而搜索到互联网上与这张图片相似的其他图片资源，同时也能找到这张图片相关的信息。

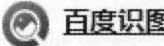

图 3-21　百度识图

## 一、主要功能

### 1. 相同图像搜索

通过图像底层局部特征的比对，百度识图具备寻找相同或近似相同图像的能力，并能根据互联网上存在的相同图片资源猜测用户上传图片的对应内容。从而满足用户寻找图片来源、去伪存真、小图换大图、模糊图换清晰图、遮挡图换全貌图等需求，如图3-22所示。

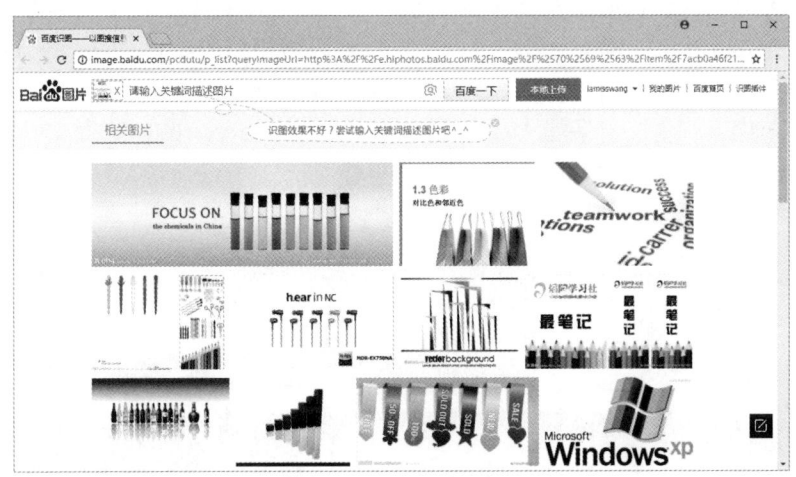

图3-22　近似相同图像搜索

### 2. 全网人脸搜索

据统计，互联网上约15%的图片包含人脸。为了优化人脸图片的搜索效果，百度识图引入自主研发的人脸识别技术，推出了全球第一个全网人脸搜索功能。该功能可以自动检测用户上传图片中出现的人脸，并将其与数据库中索引的全网数亿人脸比对并按照人脸相似度排序展现，帮你找到更多相似的Ta。基于人脸搜索技术的百度魔图"PK大咖"功能，以单日最高访问量9000万次创造了人脸识别技术使用的纪录，并斩获2013年艾菲奖大中华区金奖，成为技术与产品结合的典范，如图3-23所示。

图3-23　人脸图片搜索结果

### 3. 相似图像搜索

基于百度领先的深度学习算法，百度识图拥有超越传统底层特征的图像识别和高层语义特征表达能力。2013年，百度识图推出了一般图像的相似搜索功能，能够对数十亿图片进行准确识别和高效索引，从而在搜索结果的语义和视觉相似上都得到很好的统一。从相同图像搜索（near duplicate image search）到相似图像搜索（similar image search），百度识图首次突破了长期以来CBIR（Content-base image retrieval，基于内容的图像搜索）问题的困境，在解决图像的语义鸿沟这个学术界和工业界公认的难题上迈出了一大步。该技术极大地优化了识图产品的用户体验。借由相似图像搜索，用户可以轻松找到风格相似的素材、同一场景的套图、类似意境的照片等，这些都是相同图像搜索无法完成的任务，如图3-24所示。

图3-24 相似图像搜索

### 4. 图片知识图谱

知识图谱是下一代搜索引擎的趋势，通过对查询更精确的分析和结构化的结果展示，更智能地给出用户想要的结果。百度识图除了返回给用户相同、相似搜索结果，也在图片知识图谱方面做出了相应的尝试。2013年百度识图相继上线了美女和花卉两个垂直类图片搜索功能，通过细粒度分类技术（fine-grained classification）在相应的垂直类别中进行更精准的子类别识别。比如告诉用户上传的美女是什么风格并推荐相似风格的美女写真，或识别花卉的具体种类、给出相应百科信息并把互联网上相似的花卉图片按类别排序展现。这些尝试都是为了帮助用户更直观地了解图片背后蕴藏的知识和含义，如图3-25所示。

### 5. 插件

浏览图片的时候直接截屏✂并发起识图搜索🔍，省去了下载图片或拷贝URL并访问识图网站的麻烦，让识图体验更加完美。安装百度浏览器插件——百度识图，如图3-26所示。

图 3-25　图片知识图谱

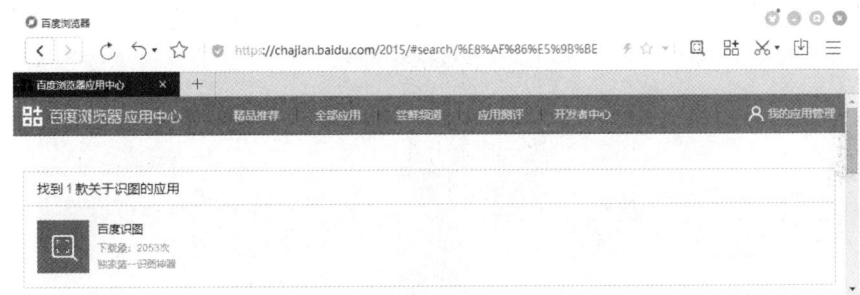

图 3-26　百度浏览器插件——百度识图

## 二、百度识图操作步骤

### 1. 手机端操作步骤

第一步：运行百度 APP，打开百度识图，如图 3-27 所示。

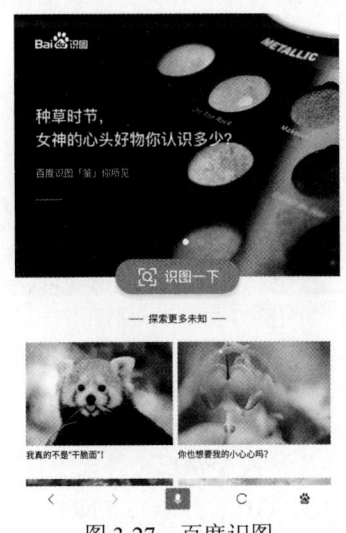

图 3-27　百度识图

第二步：点击"识图一下"，选择图片上传方式（拍照/选择"相册"中照片等），上传图片，如图 3-28 所示。

第三步：如果对识图结果不满意，可以选择重新拍照、手动框选或添加图片描述关键词。手动框选如图 3-29 所示。

图 3-28　上传图片　　　　　　　　　　图 3-29　手动框选

2. 电脑端操作步骤

第一步：打开百度识图，单击"识图一下"，如图 3-30 所示。

图 3-30　百度识图

第二步：选择图片上传方式（本地上传、拖拽上传或粘贴图片网址），上传图片，如图 3-31 所示。

图 3-31　上传图片

第三步：如果对识图结果不满意，可以选择手动框选或添加图片描述关键词，如图 3-32 所示。

**注意**：您所上传的图片需要满足格式和物理文件大小的要求。

- 目前支持的图片格式：JPG、GIF、JPEG、PNG、BMP。
- 图片大小限制：所查询的图片要求在 5MB 以内。

图 3-32 手动框选或添加图片描述关键词

### 三、发展趋势

百度识图自 2010 年底推出第一版以来，从最初的相同图像搜索这一单一功能，逐渐发展到具有以图猜词、相似图像搜索、人脸搜索、垂直类知识图谱等丰富功能的产品平台。未来，融合多种图像识别技术、挖掘更多垂直类别图片知识图谱、开发移动设备上的识图及开放识图功能 API，都将是百度识图的发展重点。

## 第六节　百度文库——用户共建文档库

百度文库（口号：让每个人平等地提升自我）诞生于 2009 年，是百度发布的供网友在线分享文档的平台，网址 https://wenku.baidu.com/。2010 年，百度文库手机版上线，如图 3-33 所示。

图 3-33 百度文库

百度文库的文档由百度用户上传，需要经过百度的审核才能发布，百度自身不编辑或修改用户上传的文档内容。网友可以在线阅读和下载这些文档。百度文库的文档包括教学资料、考试题库、专业资料、公文写作、法律文件等多个领域的资料。百度用户上传文档可以得到一定的积分，下载有标价的文档则需要消耗积分。当前平台支持主流的.doc(.docx)、.ppt(.pptx)、.xls(.xlsx)、.pot、.pps、.vsd、.rtf、.wps、.et、.dps、.pdf、.txt 文件格式，如图 3-34 所示。

图 3-34 百度文库支持的文件格式

2011 年百度文库优化改版，内容专注于教育、PPT、专业文献、应用文书四大领域。
2013 年正式推出文库个人认证项目。
2014 年 4 月文库文档数量已突破一亿。
2015 年 12 月发布基础教育战略，关注"教育频道"，如图 3-35 所示。

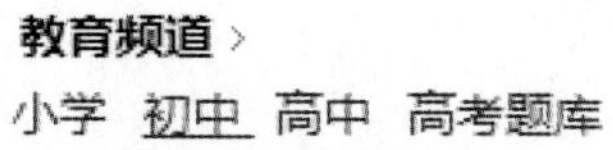

图 3-35　教育频道

百度文库的教育专区可以找到分类细致的基础教育各类文档，如图 3-36 所示。

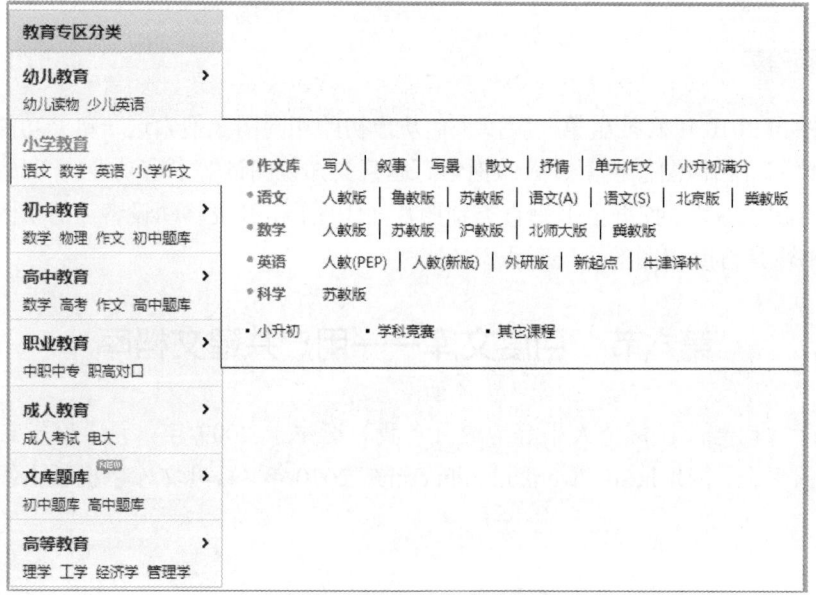

图 3-36　百度文库的教育专区

关于百度文库的文档下载，用户可以通过上传文档换取下载券，然后下载文档。或者，可以加入百度 VIP，"免券下载本文"，在此不再赘述，如图 3-37 至图 3-40 所示。

图 3-37　上传文档

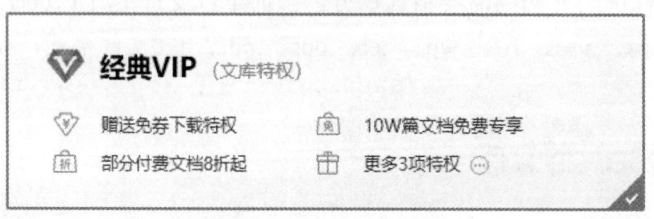

图 3-38　经典 VIP

图 3-39　百度教育 VIP

图 3-40　下载文档提示

## 第七节　学术期刊网站和文献管理工具

### 一、中国知网

中国知网（CNKI），网址http://www.cnki.net/，如图 3-41 所示。

图 3-41　中国知网

文献检索的学科领域可根据需要勾选对应的复选框，如图 3-42 所示。

图 3-42　文献分类目录

学术辑刊，如图 3-43 所示。

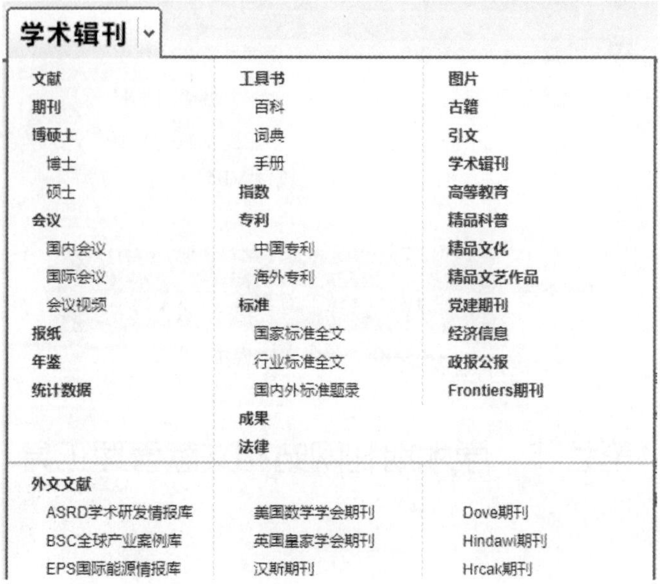

图 3-43　学术辑刊

除以上检索服务以外，中国知网还有相关软件产品，如图 3-44 所示，其中 E-Study 是一款强大的数字化学习与研究平台。

图 3-44　软件产品

CNKI E-Study 原名为 E-Learning。E-Study 是一款旨在为用户量身定做的探究式学习工具，展现知识的纵横联系，洞悉知识脉络，为用户提供多种格式文件的管理、阅读、记录笔记等功能的一站式服务，如图 3-45 所示。E-Study 不仅支持常用的文献格式如 CAJ 文件（*.caj）、kdh 文件（*.kdh）等，还支持 Word 文件和文本文件转 PDF 文件阅读。

图 3-45　CNKI E-Study

其他专业期刊论文检索和管理：ENDNOTE（英文版）和 Mendeley（英文版），功能与 E-study 近似，如图 3-46 和图 3-47 所示。

图 3-46　ENDNOTE　　　　　　　　图 3-47　Mendeley

## 二、百度学术

百度学术如图 3-48 所示，网址 http://xueshu.baidu.com/。检索框和支持的数据库如图 3-49 所示。

图 3-48　百度学术

图 3-49　"百度学术"界面

## 第八节　百度网盘和腾讯微云

基于网络下载、存储或分享学习资源时，特别是当文件特别大时，使用 E-mail 往往不能满足用户需求，这个时候可以使用网络存储空间解决此类问题。接下来，分别认识一下百度网盘和 QQ 微云。

### 一、百度网盘

百度网盘为用户提供文件的网络备份、同步和分享服务。其空间大、速度快、安全稳固，支持教育网加速，支持手机端，如图 3-50 和图 3-51 所示，网址 https://pan.baidu.com/。

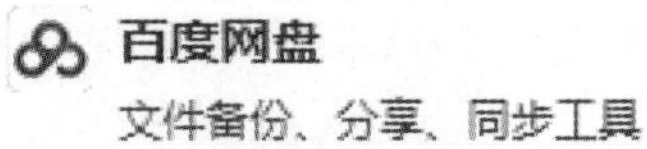

图 3-50　百度网盘

图 3-51　百度网盘支持多平台

### 二、微云

微云是腾讯公司为用户精心打造的一项智能云服务，用户可以通过微云方便地在手机和电脑之间同步文件、推送照片和传输数据，如图 3-52 所示，网址 https://www.weiyun.com/。手机端可以下载微云 APP 直接安装。

微云网页版可以直接用 QQ 账号或微信账号登录，如图 3-53 所示。

图 3-52　微云

图 3-53　微云网页版

用户可以在 QQ 对话窗口和 QQ 邮箱中直接将发送或收到的文档"存到微云",如图 3-54 和图 3-55 所示。

图 3-54　QQ 对话窗口的文档"存到微云"　　　图 3-55　QQ 邮箱中的文档"转存到微云"

## 第九节　其他网络检索应用

访问"中国教育和科研计算机网",掌握高等教育相关讯息。这里,以考研为目标,做好考研前期准备工作,如图 3-56 所示,网址 http://www.cernet.edu.cn/。

图 3-56　中国教育和科研计算机网

(1) 在"中国教育和科研计算机网"网站,找到"资源中心",单击"教育黄页"选项卡中的"考研院校"链接,如图 3-57 所示。

图 3-57　资源中心

(2) 研究生招生报名查询系统,网址 http://souky.eol.cn/,如图 3-58 所示。

图 3-58 研究生招生报名查询系统

（3）可以根据不同选项搜索，包括搜学校、查专业、招生简章、参考书目、分数线、实验室等，如图 3-59 所示。

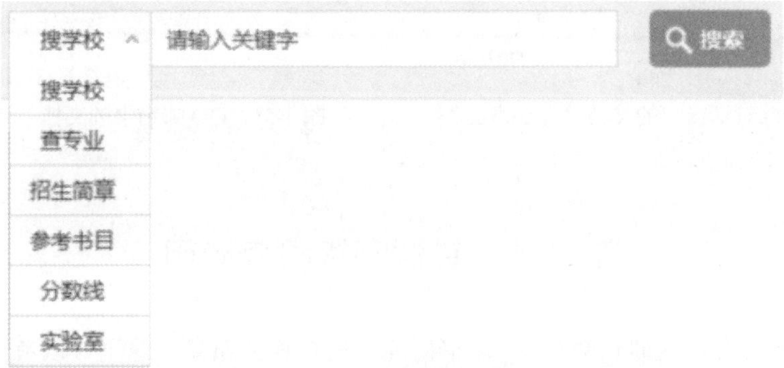

图 3-59 搜索选项

（4）以"教育技术"专业为例搜索，结果如图 3-60 所示，包括[040110]教育技术学（教育学）、[078401] 教育技术学（理学）、[045114]现代教育技术（教育学）。

图 3-60 搜索结果

（5）选择"开设院校"，选择指定省份的院校，比如说"广东"，如图3-61所示。

图3-61 "广东"高校

（6）以"华南师范大学"为例，院校代码如图3-62所示，可以用手机访问二维码查询相关讯息，也可以"加入院校对比"。

图3-62 院校代码和二维码

"教育信息技术学院"招生专业包括现代教育技术[045114]、职业技术教育[045120]、传播学[050302]、新闻与传播[055200]、教育技术学[078401]五个专业，如图3-63所示。

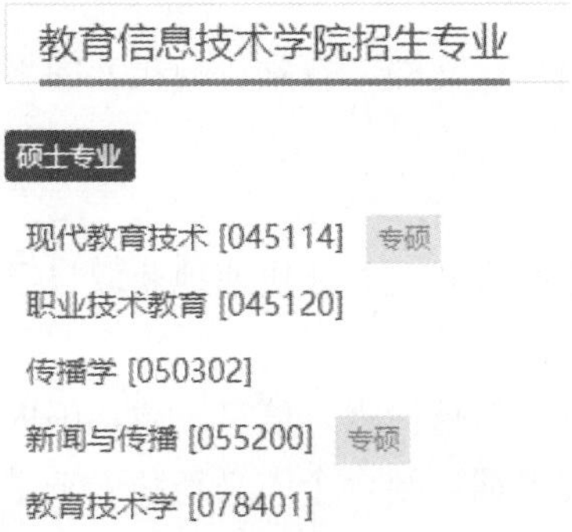

图3-63 招生专业

现代教育技术和教育技术学专业概况如图 3-64 和图 3-65 所示，可以看出研究方向和考试科目不同，学生可根据自身情况选择优势科目备考。

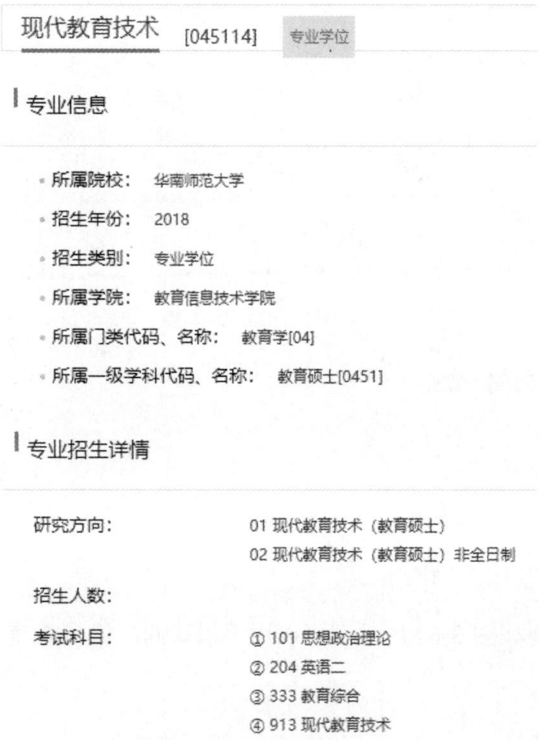

**现代教育技术** [045114] 专业学位

**专业信息**

- 所属院校：华南师范大学
- 招生年份：2018
- 招生类别：专业学位
- 所属学院：教育信息技术学院
- 所属门类代码、名称：教育学[04]
- 所属一级学科代码、名称：教育硕士[0451]

**专业招生详情**

- 研究方向：01 现代教育技术（教育硕士）
  02 现代教育技术（教育硕士）非全日制
- 招生人数：
- 考试科目：① 101 思想政治理论
  ② 204 英语二
  ③ 333 教育综合
  ④ 913 现代教育技术

图 3-64　现代教育技术

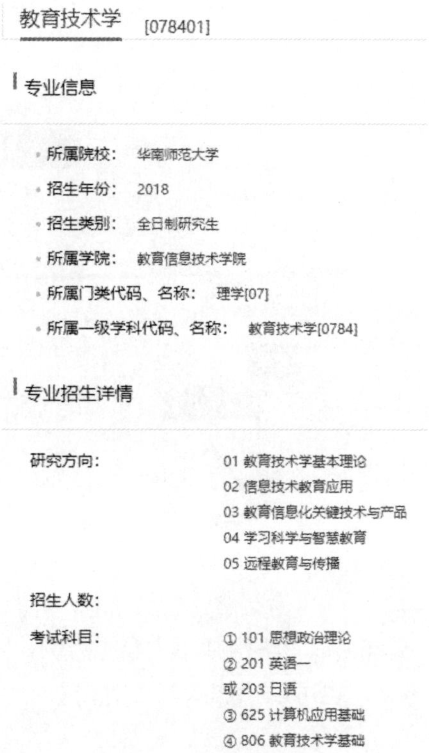

**教育技术学** [078401]

**专业信息**

- 所属院校：华南师范大学
- 招生年份：2018
- 招生类别：全日制研究生
- 所属学院：教育信息技术学院
- 所属门类代码、名称：理学[07]
- 所属一级学科代码、名称：教育技术学[0784]

**专业招生详情**

- 研究方向：01 教育技术学基本理论
  02 信息技术教育应用
  03 教育信息化关键技术与产品
  04 学习科学与智慧教育
  05 远程教育与传播
- 招生人数：
- 考试科目：① 101 思想政治理论
  ② 201 英语一
  或 203 日语
  ③ 625 计算机应用基础
  ④ 806 教育技术学基础

图 3-65　教育技术学

# 练习和作业

## 一、练习

1. 掌握常用网络资源的检索方法。
2. 掌握搜索中的逻辑搜索。
3. 掌握常见网络资源（图片、文档、音频、视频）的下载。

## 二、作业

1. 熟悉常用网络资源的获取方式，并能快速地获取自己所需要的网络资源。
（1）训练环境：网络教室。
（2）训练步骤：信息浏览、信息检索、信息下载、国内外常见的搜索引擎。
2. 请你以本专业名称为关键词，结合个人兴趣和未来学业发展，搜索并规划考研备考。

# 第四章 演示文稿——规划教学创想

## 第一节 PPT 设计黄金法则

### 一、重视 PPT 的灵魂——逻辑

在 PPT 设计中,逻辑可以理解成一种顺序、结构。PPT 的本质是表达思想、观点或知识,设计者必须对自己要表达的内容非常清楚,能够梳理成条理分明、简洁明了的结构,并通过整体结构和页面布局,用清晰的逻辑把主题表达清楚。一个 PPT 只讲一个重点,只有一个清晰、简明的逻辑灵魂。

思维导图软件可以用不同的结构帮助我们梳理信息、表达想法。一般建议使用思维导图软件作为辅助工具,抓住 PPT 的灵魂主线。

可以借用逻辑视觉化的工具——金字塔原理[①]帮助我们梳理逻辑思路,学会从结论说起,如图 4-1 所示。

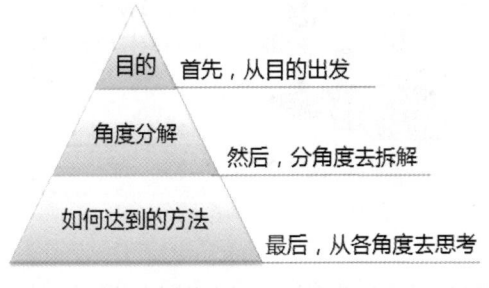

图 4-1 金字塔原理

### 二、KISS(Keep It Simple and Stupid)准则

在 PPT 中,文字的表达尽量避免通篇陈述,语言应尽量精准、简洁。

### 三、Magic Seven 准则

每页幻灯片中不传达超过七个概念。一般传达五个概念效果最好,超过九个概念对听众大脑负担太重,需重新构思。

---

① 巴巴拉·明托. 金字塔原理. 王德忠,张珣,译. 北京:民主与建设出版社,2002.

### 四、八字真言：文不如表，表不如图

能用图片就别用图表，能用图表就别用文字。相比大段的文字内容，人们更喜欢看到图片、表格，因此应尽量将文字转换成图或表，用清晰、简洁的图表呈现内容，把概念或数据翻译成图表，如图4-2所示。

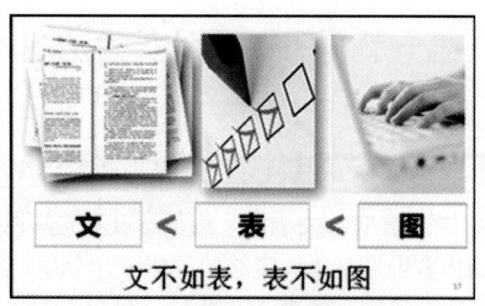

图4-2　文不如表，表不如图

### 五、三不原则

每页幻灯片不超过三种色系，不超过三种字体，不超过三种动画效果，如图4-3所示。

图4-3　三不原则

## 第二节　制作一份有档次的PPT

制作一份有档次的PPT，流程如图4-4所示。

图4-4　制作流程

### 一、启动PPT

制作PPT首先需要安装相应的制作软件，这里主要以Microsoft PowerPoint 2010为例来介

绍并推荐一款 PPT 制作小插件——iSlide。这款 PPT 辅助插件能提升设计效率和专业性，让 PPT 变得简单起来。利用它，即便不懂设计，也能简单、高效地创建各类专业 PPT 演示文档。目前，iSlide 插件可以在官网免费下载安装，其所有离线的基础功能全部免费，图标库和色彩库功能、图示库和智能图表库基础资源也是免费的，带有 pro 标志的高级资源为收费功能，如图 4-5 所示。

图 4-5　iSlide 插件

## 二、删除虚线框

打开 PowerPoint，新建空白演示文稿后，在幻灯片界面上会出现两个虚线框，虚线框内部往往有"单击此处添加标题"之类的提示语，一旦单击之后，提示语会自动消失。这些虚线框实际上是 PowerPoint 的占位符，广泛应用于计算机中各类文档的编辑，它能起到规划幻灯片结构的作用。当我们要创建自己的模板时，占位符就显得非常重要。然而，以占位符形式创建的幻灯片版式规整，不如自己创建的文本框灵活，所以在很多情况下，我们需要删除这些占位符。

若不希望新建的幻灯片里再出现占位符，可以执行"开始/版式/空白"命令，如图 4-6 所示。

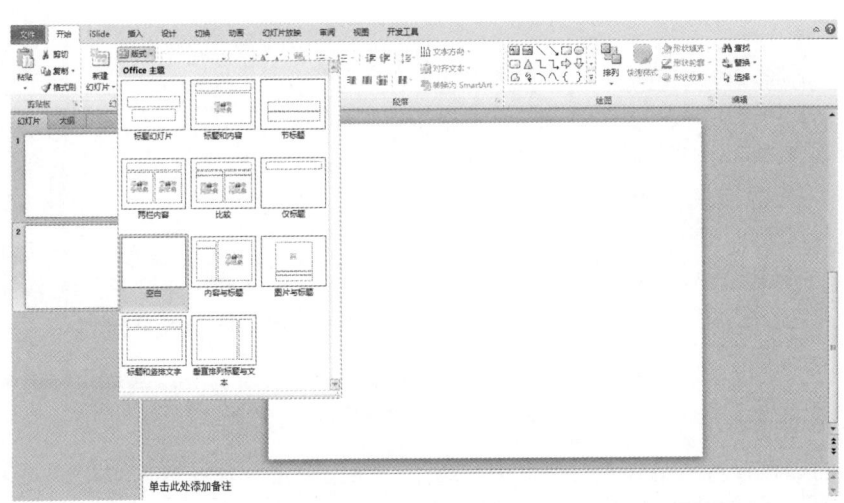

图 4-6　新建空白版式幻灯片

### 三、给 PPT 添加背景

好背景的三条标准：好看、干净、契合主题，如图 4-7 所示。

图 4-7　背景（实例）

设计背景，可以采用以下方法：

1. 设置背景颜色

在幻灯片空白处右击，选择"设置背景格式"选项，如图 4-8 所示。

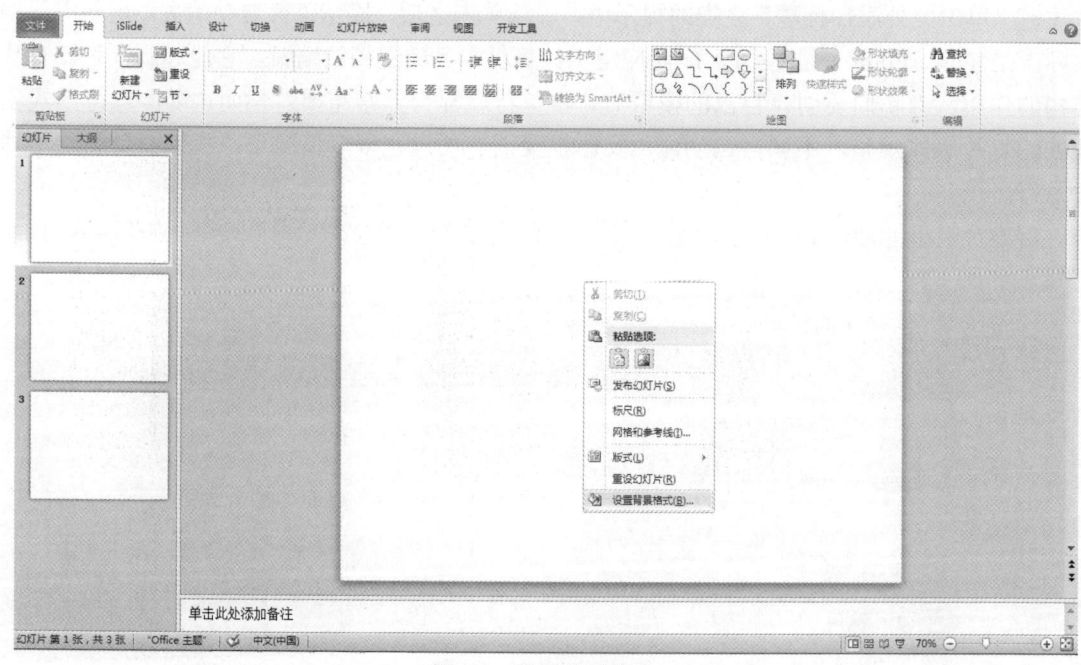

图 4-8　设置背景格式

在弹出的"设置背景格式"对话框中，选中"纯色填充"，然后在"颜色"选项中选出或者调出自己想要的颜色即可，如图 4-9 所示。

## 2. 从图片中提取颜色

PowerPoint 2013 以上的版本可以使用取色器工具来提取图片颜色作为背景。找到合适的图片后，需要先将该图片插入幻灯片中，再使用"设置背景格式/纯色填充/取色器"，用小滴管单击图片上喜欢的颜色位置，就能提取该色彩了，如图 4-10 所示。注意：PowerPoint 2010 没有"取色器"工具。

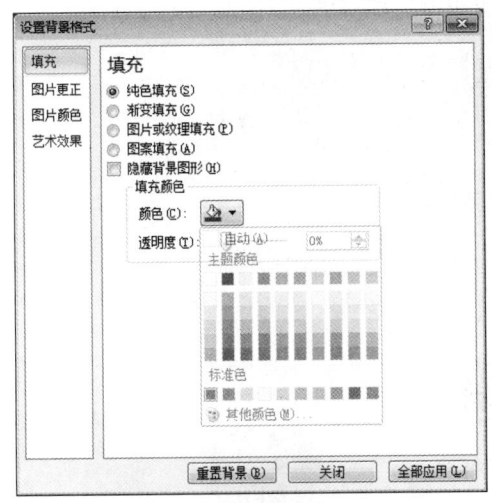

图 4-9　设置背景格式

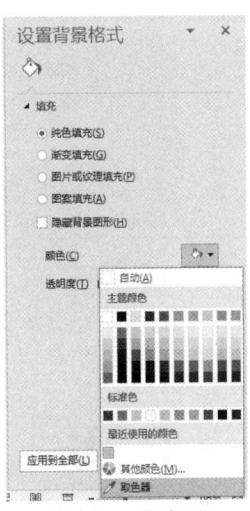

图 4-10　取色器

## 3. 插入半透明背景框

当 PPT 以图片作为背景时，若不对图片加以处理，通常都会带来文字内容不突出、颜色杂乱等问题。这时可以考虑添加半透明背景框，再在框上添加文字，如图 4-11 所示。

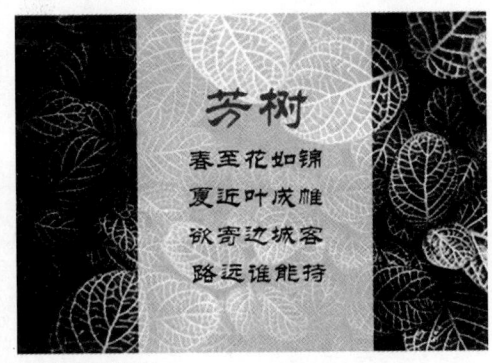

图 4-11　半透明背景框

制作方法如下：

（1）利用"插入/图片"功能，插入喜欢的图片，并将它铺满幻灯片屏幕，如图 4-12 所示。

（2）插入一个矩形在图片上，并给矩形填充一个与图片主色协调的颜色。根据想要的效果，矩形可以覆盖整张图片，也可像前面两张图一样水平或垂直覆盖图片的部分，如图 4-13 所示。

（3）在矩形上右击，选择"设置形状格式/纯色填充"，修改"透明度"选项，把矩形调节成半透明效果，如图 4-14 所示。

图 4-12 插入图片

图 4-13 插入矩形

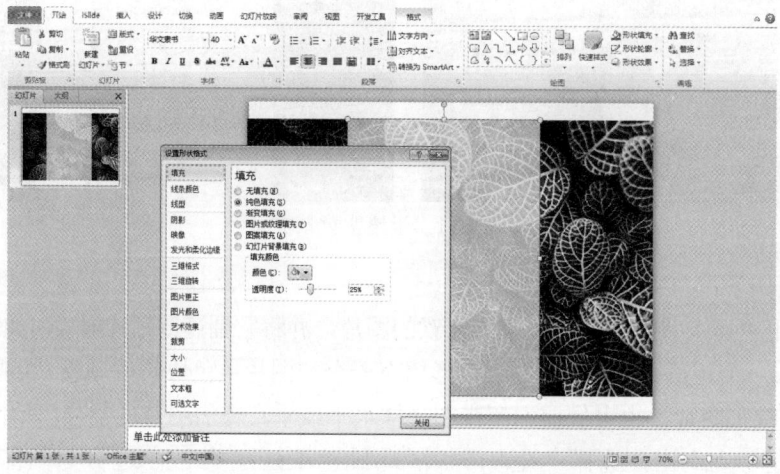

图 4-14 "设置形状格式"对话框

（4）在矩形上右击，选择"编辑文字"，添加上文字内容，并设置文字效果，如图 4-15 所示。

图 4-15　设置文字效果

### 4. 使用模板

想要好看的背景，又不想自己动手设计的，可以直接应用模板。使用"设计/主题"来挑选自己喜欢的背景及主要对象颜色方案，如图 4-16 所示。

图 4-16　应用模板

若内置模板不能满足需求，则可以在网上下载更多的模板。推荐使用 OfficePLUS 网站，OfficePLUS.cn 是微软官方推出的一个免费模板网站，提供了丰富的高质量模板下载，如果对于背景的选择没有一点思路，可以在这里寻找适合的，如图 4-17 所示。

图 4-17　OfficePLUS.cn 免费模板

### 四、设计封面

当完成背景设计的工作后，就需要给 PPT 设计一张亮眼的封面了。封面是观众对整体演示文稿的第一印象，故封面的设计不仅需要契合主题，更需要起到引导整个演示文稿设计的作用。

在 PPT 封面设计中图片是难以避免的要素。什么样的图片才是好图片呢？高清、好看、切题是好图片的三个标准。具体来说，正规场合使用的 PPT 应尽量采用真实的而不是卡通的、清晰的而不是模糊的、与主题贴合的而不是无关的、和谐的而不是炫耀的、明朗的而不是灰暗的图片。

那么，如何寻找合适的图片呢？

（1）可以利用"插入/联机图片/必应图像搜索"寻找图片，如图 4-18 所示。

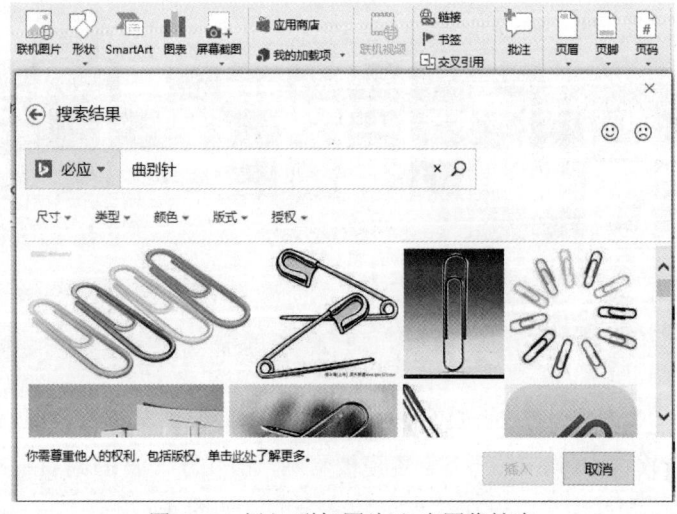

图 4-18　插入/联机图片/必应图像搜索

（2）利用搜索引擎来搜索图片。

推荐使用 Bing 寻找好图。Bing 是微软旗下的一个搜索引擎，可以搜索网页，也可以搜索图片，搜索出来的图片质量较高。

搜索时建议使用英文关键词来搜图。对于同样的关键词，用英文搜索和用中文搜索得到的结果是不一样的。例如，分别用 mooc 和"慕课"搜索，结果如图 4-19 和图 4-20 所示，用英文搜索图片得到的是全球网页中的图片，更容易帮我们找到好照片。

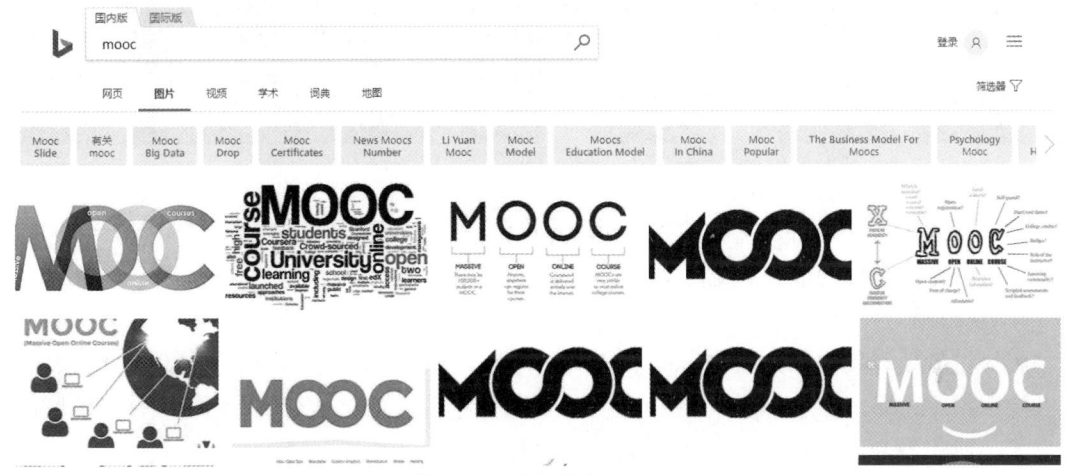

图 4-19　必应搜索 mooc

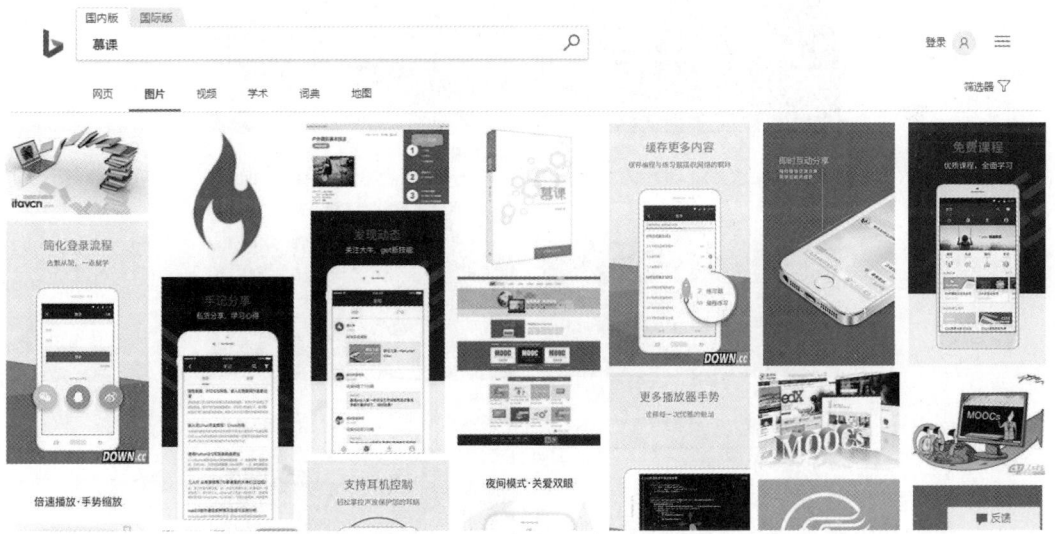

图 4-20　必应搜索"慕课"

（3）利用图片库类网站。

比较好的图片库网站有 1x（https://1x.com/）、Bigstock：（https://www.bigstockphoto.com）、全景网（http://www.quanjing.com/）、花瓣（http://huaban.com/）等。这里比较推荐全景网，里面有很多优质的图片提供下载，如图 4-21 所示。

图 4-21　全景网及图片搜索实例

有了合适的图片之后，就可以考虑封面的背景设计了。

封面的背景图片构成的常见的方式有半图型和全图型。

1. 半图型

图片在封面背景中以分割的形式占据一定位置。标题的位置需要参照图片的位置来布置，可以位于图片之外，也可以覆盖在图片上方。图片除了简单的裁剪切割，还可以使用不同的过渡方式，使其与背景或其他形状合理搭配，如图 4-22 所示。

图 4-22　半图型封面背景

## 2. 全图型

图片覆盖了整个页面,标题的位置需要根据图片内容而定,遵循排版原则使画面达到平衡。并不是所有图片都适合制作全图型封面,用作 PPT 全图型封面背景的图片,必须存在透视关系,形成一个可用作标题位置的视觉焦点,并能将观众的目光聚焦于此,如图 4-23 所示。

标题位于页面居中偏下位置

标题位于页面左侧偏下位置

标题位于页面居中偏上位置

标题位于页面右侧偏上位置

图片中包含的实物可用于固定标题位置

图片是纹理图案,标题位于居中偏上位置

图 4-23 全图型封面背景

## 五、设计目录页

目录页是 PPT 中必不可少的一部分,作为 PPT 的逻辑框架,观众可以通过它快速了解整个 PPT 的结构。一般来说,目录页的设计应该遵循这几条原则:

**易读性强**:PPT 目录文字要具有很高的辨识度,保证观众能够看清。

**层级统一**:PPT 目录项在逻辑上要处于同一层级,不能有包含或被包含的关系;尽量减少每一目录项的字数差异。

**语言简洁**:目录作为 PPT 的引导,使用的语言务必简洁明了,使观众能在第一时间内理解其含义。使用大量的文字制作目录,会大大降低可读性。

**版式平衡**:所有元素应该形成平衡的版面,切不可头重脚轻或左右失衡。

**控制字体**:为了 PPT 的美观,字体建议控制在 2~3 种。字体种类过多会使观众产生眼花缭乱、无法找到重点的感觉。

最后,图标、线条、色块、图片都可以用来美化目录,但是不要过度使用,以免喧宾夺主。

常见的目录形式有：

1. 上下版目录

这是最常见的一种目录形式，这类目录通常都是上下布局，通常页面的上半部分放目录标题或者目录二字，下半部分放置具体的目录内容。目录内容需要彼此对齐，使页面看起来整齐美观，如图 4-24 所示。

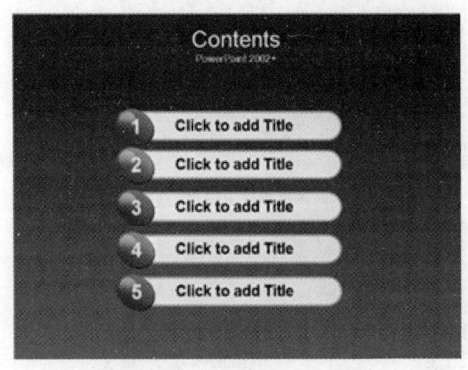 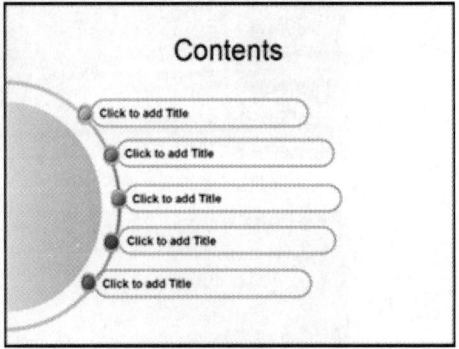

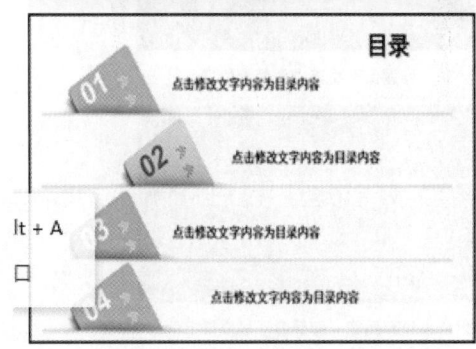 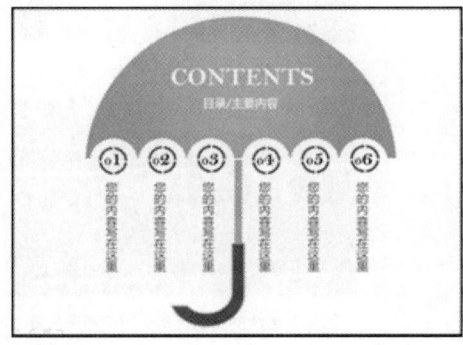

图 4-24　上下版目录

2. 左右版目录

左右排版要注意保持页面的平衡。如果左边文字多，右边文字少，那就在右边加以色块或者图片作为装饰，保持页面左右平衡，反之亦然，如图 4-25 所示。

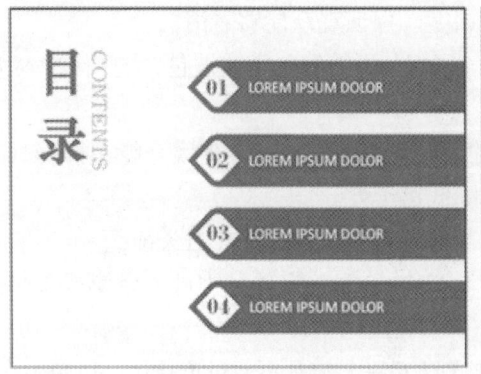 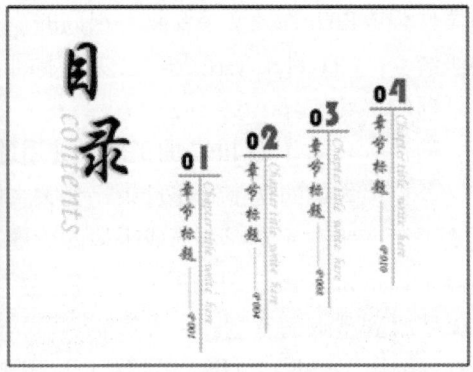

图 4-25　左右版目录

3. 斜切版目录

斜切排版常用图片或者色块将页面斜切，分割成几个部分，在空白处添加文字，如图 4-26 所示。

图 4-26　斜切版目录

4. 环绕版目录

在常见的设计中，目录内容一般对称排列在目录标题周围。目录内容环绕目录标题的排版，使整体页面产生一种对称的美感，如图 4-27 所示。

 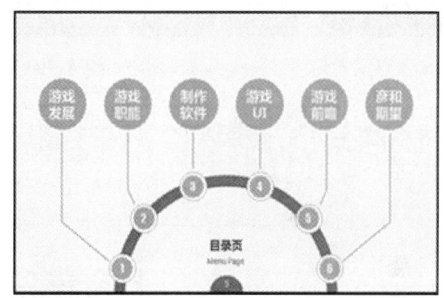

图 4-27　环绕版目录

5. 时间轴版目录

如果核心要点比较多，或者各个要点之间有先后顺序关系，那么就可以将目录设计成时间轴形式，如图 4-28 所示。

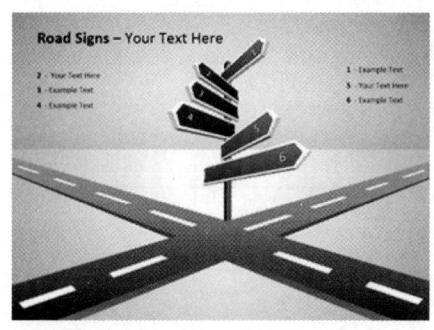 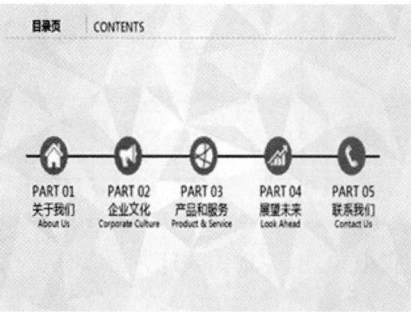

图 4-28　时间轴版目录

### 六、设计正文页

PPT 正文特指除了封面、目录和结尾页之外的那些幻灯片。正文页一般紧随目录页出现，是对目录内容的铺展说明。大致来讲，正文页内容有三种类型：纯文字版式、图片版式、图文版式。

1. 纯文字版式

前面介绍过 KISS 法则提到，PPT 中应用文字内容应尽量避免通篇的文字陈述，应尽量精准、简洁。纯文字版式的幻灯片有些只有一组文字，有些有多组文字内容，如图 4-29 所示。

 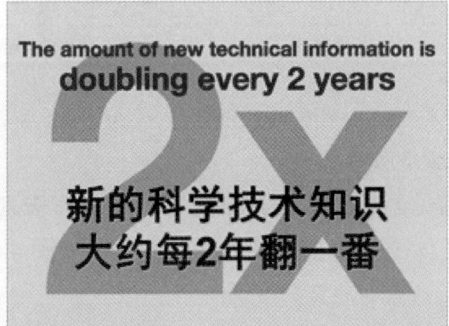

图 4-29　纯文字版式

若文字内容无可避免地较多，如图 4-30 所示，可以这样处理：提取标题、给标题上色、更改排版方式、增加色块。

图 4-30　文字繁多

（1）提取标题，如图 4-31 所示。

（2）给标题上色，如图 4-32 所示。

（3）更改排版方式，如图 4-33 所示。

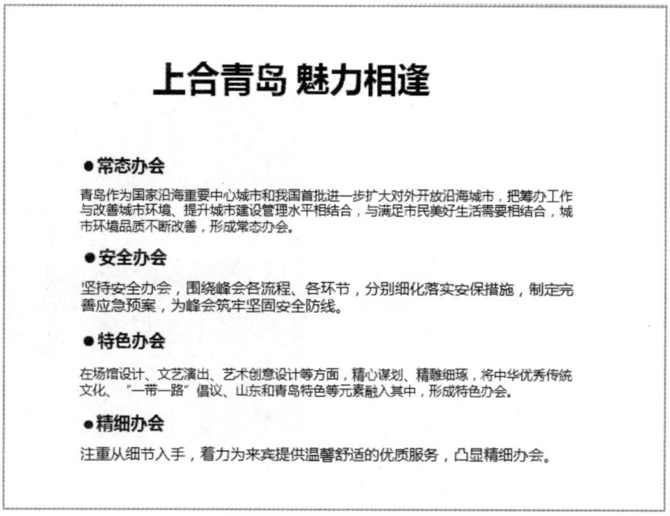

图 4-31 提取标题文字

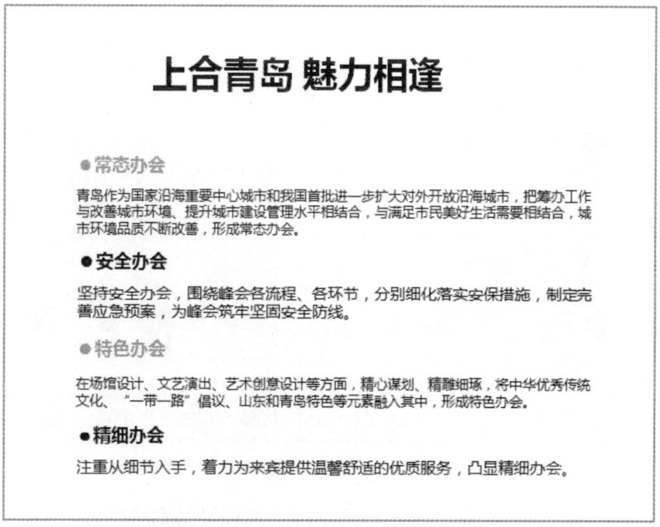

图 4-32 给标题上色

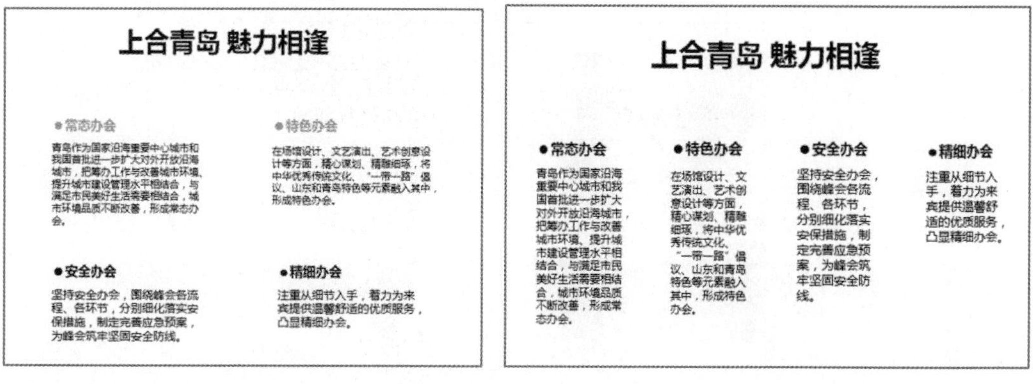

图 4-33 更改排版方式

（4）增加色块，如图 4-34 所示。

图 4-34　增加色块

还可以使用 smart 图形以及模板来追求更完美的效果。

2. 图片版式

单独在 PPT 应用图片，可以一个幻灯片放一张图片，也可以将多张图片组合摆放在一个幻灯片上，如图 4-35 所示。

图 4-35　图片版式（单图或多图）

一般来说，图片直接放在幻灯片上不够美观，最好对它进行一些简单的修饰。例如，上面的左图如果加上白底或者阴影，效果会更好一些，如图 4-36 所示。

图 4-36　图片加修饰白底

3. 图文版式

幻灯片中既包含图片又包含文字，如图4-37所示。

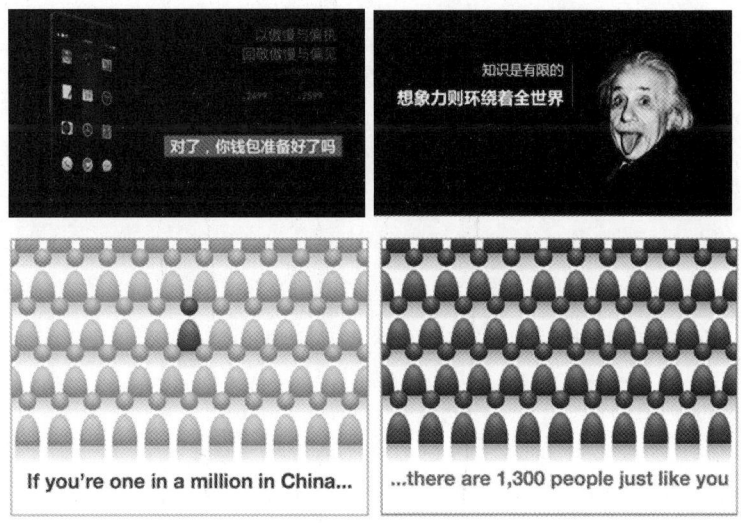

图 4-37　图文版式

## 七、设计结尾页

相对于封面、目录和正文页，结尾页的设计要简单得多。可以只写"谢谢大家"这几个字，也可以写上一些祝福的话语，还可以加上自己的联系方式等，如图4-38所示。

图 4-38　结尾页

## 练习和作业

一、练习

1. 掌握 PPT 的基本功能。
2. 掌握 PPT 的编辑设计需遵循的法则。

二、作业

1. 修改一份已有的演示文稿。
2. 新建一份全新演示文稿,初步规划你的教学创想。

# 第五章　交互式电子白板和新型教学媒体

## 第一节　交互式电子白板

### 一、初识交互式电子白板

交互式电子白板可以与电脑进行信息通讯，将电子白板连接到计算机并利用投影机将计算机上的内容投影到电子白板屏幕上，在专门的应用程序的支持下，可以构造一个大屏幕、交互式的协作会议或教学环境，如图 5-1 所示。

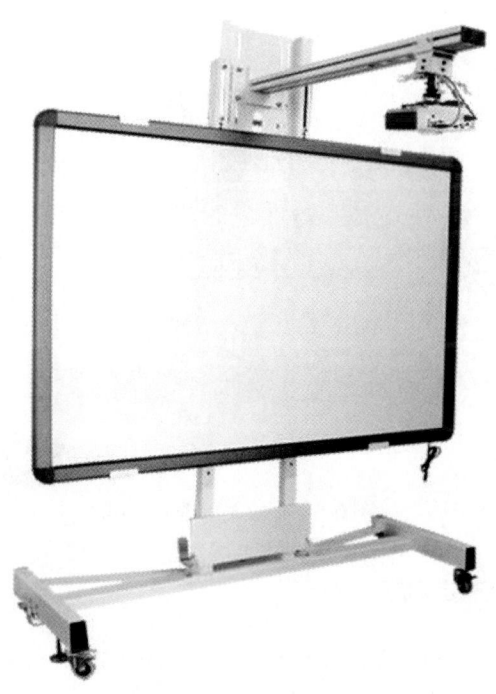

图 5-1　交互式电子白板

在有些多媒体教室的安装中，同时配置有交互式电子白板和传统黑板（白板），如图 5-2 所示。

利用特定的定位笔代替鼠标在白板上进行操作，可以运行任何应用程序，可以对文件进行编辑、注释、保存等在计算机上利用键盘及鼠标可以实现的任何操作，如图 5-3 所示。

图 5-2　多媒体教室同时配置有交互式电子白板和传统黑板（白板）

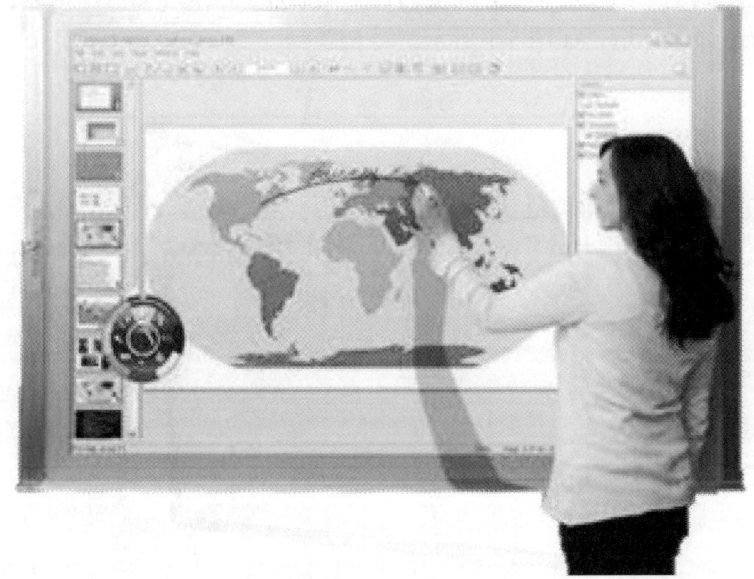

图 5-3　定位笔触控和编辑

## 二、交互式电子白板主要功能

交互式电子白板常作为教学电子白板使用，将电子白板与计算机相连，此时的电子白板就相当于一个面积特别大的手写板，可以在上面任意书写、绘画并即时地在计算机上显示，文件保存为图形文件。

交互式电子白板支持打印，将电子白板直接与打印机连接，通过特定的白板笔进行板书，需要打印时，只需按下面板上的打印键即可实现彩色或黑白打印。

通过特定的应用程序，交互式电子白板也可以通过网络与其他办公室、会议室进行交流，实现网络会议及远程教学。

## 三、交互式电子白板的构成和分类

交互式电子白板产品由硬件电子感应白板（White Board）和软件白板操作系统集成。它的核心组件由电子感应白板、感应笔、计算机和投影仪组成。其中，电子感应笔承担电子白板书写笔和计算机鼠标的双重功用，代替了传统的粉笔。教师或学生直接用感应笔在白板上操作（相当于传统教学中师生用粉笔在黑板上操作），写字或调用各种软件，然后通过电磁感应反馈到计算机中并迅速通过投影仪投射到电子白板上。白板操作系统是存在于计算机中的一个软件平台，它不仅支撑人与白板、计算机、投影仪之间的信息交换，而且它还自带一个强大的学科素材库和资源制作工具库，并且是一个兼容各种软件的智能操作平台，教师可以在白板上随意调用各种素材或应用软件教学。白板集传统的黑板、计算机、投影仪等多种功能于一身，使教师使用起来非常方便。

交互式电子白板按原理可以分为五大类：电磁感应式、光学红外式、超声波式、电阻压感式、CCD式等。

## 四、意义

交互式电子白板是白板发展史上的关键一步，真正实现了白板与计算机、演示者与听众之间的双向互动。

# 第二节　AR、VR 和 MR

VR 是纯虚拟数字画面，包括 AR 在内的 Mixed Reality 是虚拟数字画面+裸眼现实，MR 是数字化现实+虚拟数字画面。

## 一、VR（Virtual Reality，虚拟现实）

虚拟现实技术是一种可以创建和体验虚拟世界的计算机仿真技术，是一种多源信息融合的、交互式的三维动态视景和实体行为的系统仿真，它利用计算机生成一种模拟环境使用户沉浸到该环境中，如图 5-4 所示。

图 5-4　VR

虚拟现实技术是仿真技术的一个重要方向，是仿真技术与计算机图形学、人机接口技术、多媒体技术、传感技术、网络技术等多种技术的集合，是一门富有挑战性的交叉技术前沿学科和研究领域，如图 5-5 所示。

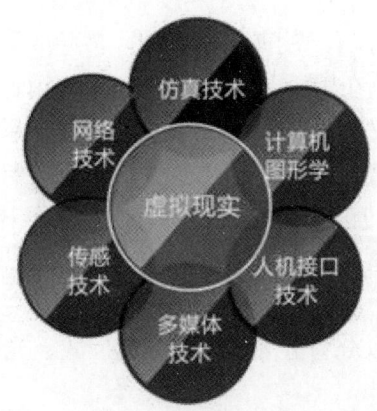

图 5-5　VR 技术集成

虚拟现实技术主要包括虚拟环境、感知、自然技能和传感设备等方面，如图 5-6 所示。

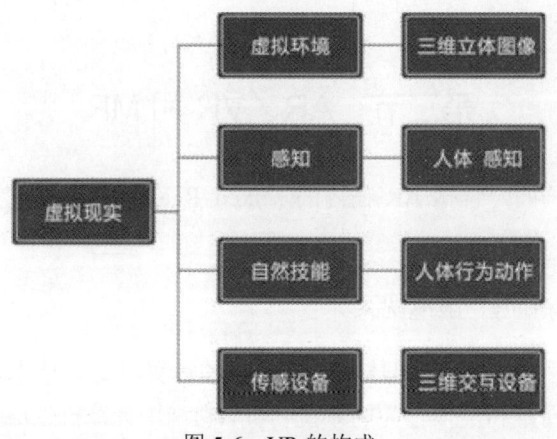

图 5-6　VR 的构成

（1）VR 的初期发展历史，如图 5-7 所示。

图 5-7　VR 的初期发展历史

1991 年的一款名为 Virtuality 1000CS 的 VR 头盔问世，但匹配的 VR 游戏体验不佳。

2014 年 Google 发布了 Google CardBoard，让消费者能以非常低廉的成本通过手机来体验 VR 世界，直接点燃了今日的 Mobile VR 超级大战，如图 5-8 所示。

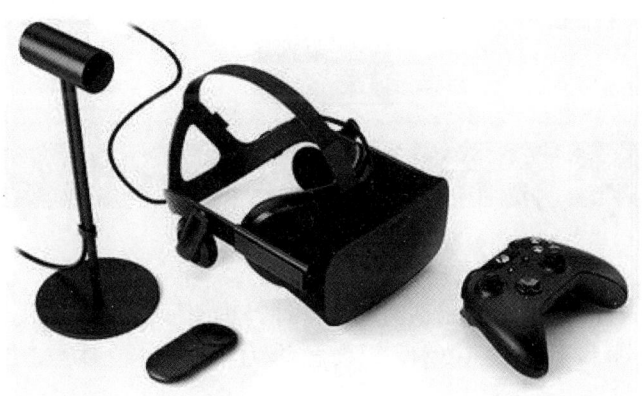

图 5-8　VR 头盔和配件

2016 年被称为 VR 元年，三大头盔厂 Oculus、Sony、HTC 正式推出了 VR 消费版产品。

（2）产品特征，如图 5-9 所示。

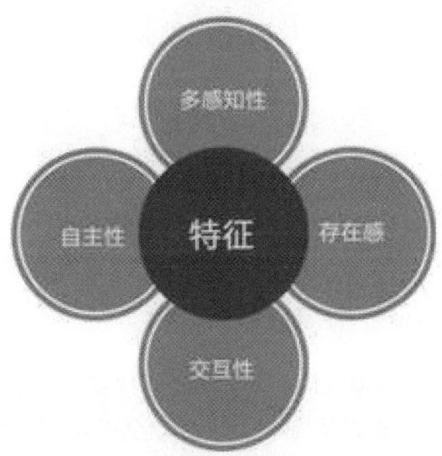

图 5-9　VR 产品特征

- 多感知性

多感知性指除一般计算机所具有的视觉感知外，还有听觉感知、触觉感知、运动感知，甚至还包括味觉、嗅觉、感知等。理想的虚拟现实应该具有一切人所具有的感知功能。

- 存在感

存在感指用户感到作为主角存在于模拟环境中的真实程度。理想的模拟环境应该达到使用户难辨真假的程度。

- 交互性

交互性指用户对模拟环境内物体的可操作程度和从环境得到反馈的自然程度。

- 自主性

自主性指虚拟环境中的物体依据现实世界物理运动定律动作的程度。

（3）VR 关键技术，如图 5-10 所示。

图 5-10　VR 关键技术

虚拟现实是多种技术的综合，包括实时三维计算机图形技术，广角（宽视野）立体显示技术，对观察者头、眼和手的跟踪技术，以及触觉/力觉反馈、立体声、网络传输、语音输入输出技术等。

（4）VR 技术特点，如图 5-11 所示。

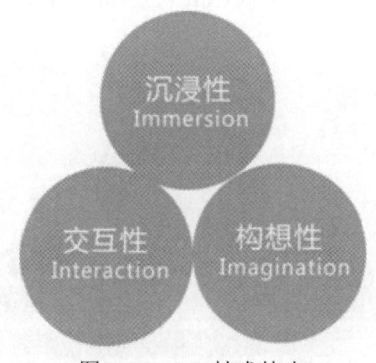

图 5-11　VR 技术特点

- 沉浸性

沉浸性使之所创造的虚拟环境能使使用者产生"身临其境"感觉，使其相信在虚拟环境中人也是确实存在的,而且在操作过程中它可以自始至终发挥作用,就像真正的客观世界一样。

- 交互性

交互性是在虚拟环境中，使用者如同在真实的环境中一样与虚拟环境中的任务、事物发生交互关系，其中使用者是交互的主体，虚拟对象是交互的客体，主体和客体之间的交互是全方位的。

- 构想性

构想性是虚拟现实是要能启发人的创造性的活动，不仅要能使沉浸于此环境中的使用者获取新的指示，提高感性和理性认识，而且要能使使用者产生新的构思。

作为现代科技前沿的综合体现，VR 艺术是通过人机界面对复杂数据进行可视化操作与交互的一种新的艺术语言形式,它吸引艺术家的重要之处在于艺术思维与科技工具的密切交融和二者深层渗透所产生的全新的认知体验。与传统操作下的新媒体艺术相比，交互性和扩展的人机对话是 VR 艺术呈现其独特优势的关键所在。从整体意义上说，VR 艺术是以新型人机对话为基础的交互性的艺术形式，其最大优势在于建构作品与参与者的对话，通过对话揭示意义生成的过程。

VR 技术可用于医学、娱乐、军事航天（模拟训练）、房产开发（实景模式、水晶沙盘）、工业仿真、数字地球等方面。

（5）VR 类型和设备配件。

基于 PC 的沉浸头戴式设备（HMD），如图 5-12 所示。

图 5-12　基于 PC 的沉浸头戴式设备（HMD）

Mobile VR，如图 5-13 所示。

现在人手一部手机，因此该类设备只要简单地将纸版折成可容纳手机的盒子就能体验，代表性的设备有 Google Cardboard 及 Gear VR 或是国内的暴风魔镜，虽然体验没有 PC 头戴设备好，但由于成本低廉，易于携带，开发应用的流程也是手游开发者所熟悉的，因此今年有大量的开发者投入 Mobile VR 的开发行列，进而带动了整个 VR 市场的发展。

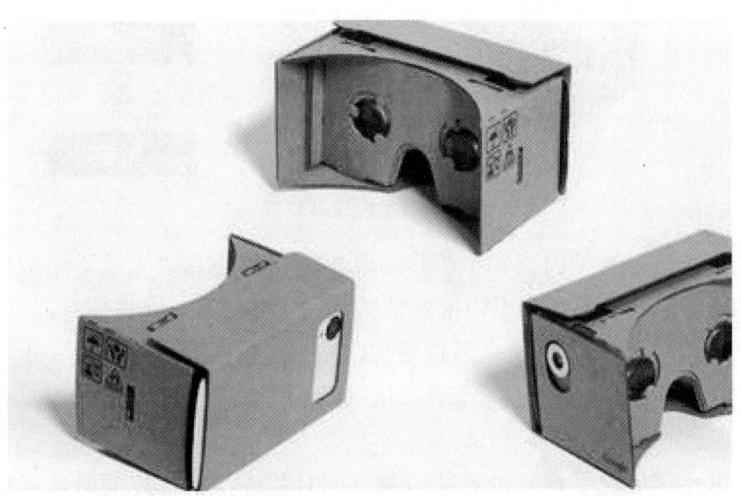

图 5-13　Mobile VR 配件

- VR 硬件（包括数据手套、数字头盔、头部跟踪、动作捕捉、位置追踪器等）。
- 虚拟现实软件（包括 VRP、Quest 3D、Patchwork3D、EON Reality）。

虚拟现实技术未来发展的五大障碍：
- 没有真正进入虚拟世界的方法。
- 如何"输入"也是一大困扰。
- 缺乏统一的标准。
- 游戏体验。
- 容易让人感到疲劳且比较笨重。

虽然虚拟现实技术现在看起来还非常初级，但是终有一天它将成为我们与计算机交互方式最大的一种转型，改变人们与科技之间的关系。虚拟现实技术未来最终将让我们与虚拟世界之间可以更加自然地交互。

## 二、AR（Augmented Reality，增强现实）

增强现实技术是一种实时地计算摄影机影像的位置及角度并加上相应图像、视频、3D 模型的技术，这种技术的目标是在屏幕上把虚拟世界套在现实世界并进行互动，于 1990 年提出。随着随身电子产品 CPU 运算能力的提升，预期增强现实的用途将会越来越广。

### 1. AR 技术原理

AR 技术原理如图 5-14 所示。

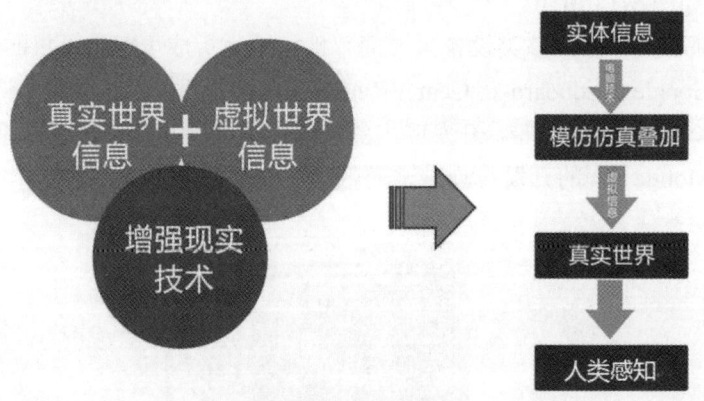

图 5-14　AR 技术原理

增强现实技术，它是一种将真实世界信息和虚拟世界信息"无缝"集成的新技术，是把原本在现实世界的一定时间空间范围内很难体验到的实体信息（视觉信息、声音、味道、触觉等），通过电脑等科学技术，模拟仿真后再叠加，将虚拟的信息应用到真实世界，被人类感官所感知，从而达到超越现实的感官体验。真实的环境和虚拟的物体实时地叠加到了同一个画面或空间以同时存在。

增强现实技术不仅展现了真实世界的信息，而且将虚拟的信息同时显示出来，两种信息相互补充、叠加。在视觉化的增强现实中，用户利用头盔显示器，把真实世界与电脑图形多重合成在一起，便可以看到真实的世界围绕着它。

增强现实技术包含了多媒体、三维建模、实时视频显示及控制、多传感器融合、实时跟踪及注册、场景融合等新技术与新手段。增强现实提供了在一般情况下，不同于人类可以感知的信息。

2. AR 工作原理

移动式增强现实系统的早期原型增强现实的基本理念是将图像、声音和其他感官增强功能实时添加到真实世界的环境中。

3. AR 系统的三个突出特点

AR 系统的三个突出特点：①真实世界和虚拟的信息集成；②具有实时交互性；③是在三维尺度空间中增添定位虚拟物体。

4. AR 组成形式

一个完整的增强现实系统是由一组紧密联结、实时工作的硬件部件与相关的软件系统协同实现的，常用的有如下三种组成形式。

- Monitor-Based

在基于计算机显示器的 AR 实现方案中，将摄像机摄取的真实世界图像输入到计算机中，与计算机图形系统产生的虚拟景象合成并输出到屏幕显示器，用户就可以从屏幕上看到最终的增强场景图片。它虽然简单，但不能带给用户多少沉浸感。

- 光学透视式

头盔式显示器（Head-mounted displays，HMD）被广泛应用于虚拟现实系统中，用以增强用户的视觉沉浸感。增强现实技术的研究者们也采用了类似的显示技术，这就是在 AR 中广泛应用的穿透式 HMD。

根据具体实现原理又划分为两大类，分别是基于光学原理的穿透式 HMD（Optical See-through HMD）和基于视频合成技术的穿透式 HMD（Video See-through HMD）。

光学透视式增强现实系统具有简单、分辨率高、没有视觉偏差等优点，但它同时也存在着定位精度要求高、延迟匹配难、视野相对较窄和价格高等不足。

- 视频透视式

视频透视式增强现实系统采用的基于视频合成技术的穿透式 HMD。

5. AR 应用领域

AR 技术广泛应用于医疗、军事、古迹复原和数字化文化遗产保护、工业维修、网络视频通讯、电视转播、娱乐、游戏、旅游、展览、市政建设规划等领域。

**案例 1：支付宝集福**

2017 年春节，支付宝再次推出了"五福红包"活动，表示要"把欠大家的敬业福都还给大家"。的确，2017 年集齐难度大大降低，打开手机支付宝，在首页就能看到活动入口，使用 AR 扫一扫任意"福"字（自己写的也可以），就有机会领取一张福卡，如图 5-15 所示。

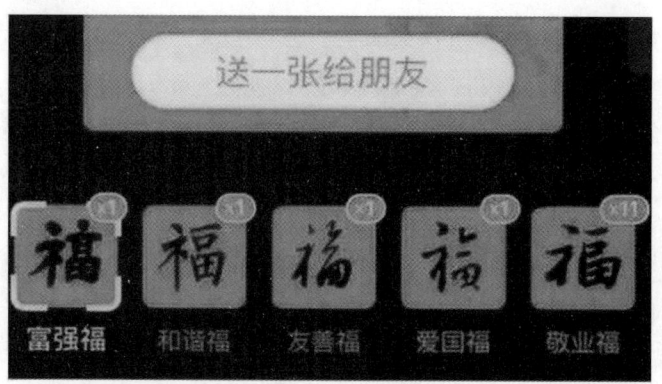

图 5-15　支付宝集福

**案例 2：谷歌眼镜**

谷歌眼镜（Google Project Glass）是谷歌公司于 2012 年 4 月发布的一款"拓展现实"眼镜，它具有和智能手机一样的功能，可以通过声音控制拍照、视频通话和辨明方向，以及上网冲浪、处理文字信息和电子邮件等。组成结构如图 5-16 所示。

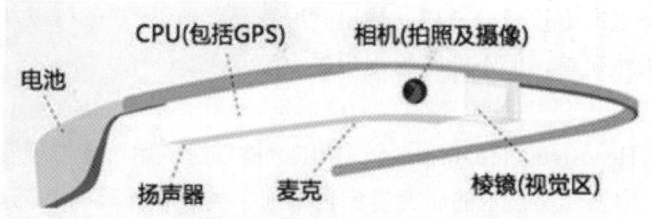

图 5-16　谷歌眼镜组织结构

Google Project Glass 主要结构如下：在眼镜前方悬置的一台摄像头和一个位于镜框右侧的宽条状的电脑处理器装置，配备的摄像头像素为 500 万，可拍摄 720p 视频；镜片上配备了一个头戴式微型显示屏，它可以将数据投射到用户右眼上方的小屏幕上，显示效果如同 2.4 米外的 25 英寸高清屏幕，如图 5-17 所示；还有一条可横置于鼻梁上方的平行鼻托和鼻垫感应器，鼻托可调整，以适应不同脸型，而且在鼻托里植入了电容，它能够辨识眼镜是否被佩戴的。电池可以支持一天的正常使用，充电可以用 Micro USB 接口或者专门设计的充电器。可以根据环境声音在屏幕上显示距离和方向，在两块目镜上分别显示地图和导航信息。

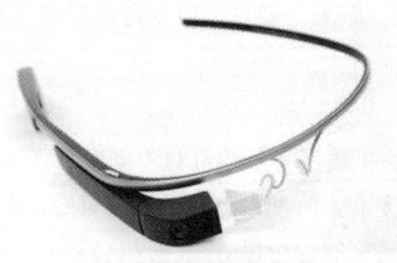

图 5-17　谷歌眼镜外观

Google Project Glass 是一款增强现实型穿戴式智能眼镜，其重量只有几十克，内存为 682MB，使用的操作系统是 Android 4.0.4，版本号为 IceCream Sandwich，所使用的 CPU 为德州仪器生产的 OMAP4430 处理器。这款眼镜将集智能手机、GPS、相机于一体，在用户眼前展现实时信息，只要眨眨眼就能拍照上传、收发短信、查询天气路况等操作。用户无需动手便可上网冲浪或者处理文字信息和电子邮件，同时，戴上这款"拓展现实"眼镜，用户可以用自己的声音控制拍照、视频通话和辨明方向。兼容性上，Google Project Glass 可同任一款支持蓝牙的智能手机同步。

智能功能：谷歌眼镜就像是可佩带式智能手机，让用户可以通过语音指令拍摄照片、发送信息，以及实施其他功能。如果用户对着谷歌眼镜的麦克风说"OK，Glass"，一个菜单即在用户右眼上方的屏幕上出现，显示多个图标拍照片、录像、使用谷歌地图或打电话。

这款设备在多个方面性能异常突出，用它可以轻松拍摄照片或视频，省去了从裤兜里掏出智能手机的麻烦。当信息出现在眼镜前方时，虽然让人有些分不清方向，但丝毫没有不适感。

谷歌公布的有关该产品的视频展示了 Project Glass 的潜在用途。在这段视频中，一位男性在纽约市的街道上散步，与朋友聊天，看地图查信息，还可以拍照。在视频的结尾处，该名男子还在日落时与一位女性朋友进行了视频聊天。所有的这一切都是通过 Project Glass 拓展现实眼镜进行的。

直播功能：2014 年谷歌眼镜正式开放直播功能，正式在其 MyGlass 商店中提供 Livestream 视频分享应用。安装该应用的谷歌眼镜佩戴者只需说："OK，Google Glass 开始直播吧。"即可把所见所闻免费分享给 Livestream 里的其他人，这款软件可以作为医学院的手术教学工具，医生可以佩戴谷歌眼镜直播自己的手术过程，这样学生就能通过视频直接观看到手术，而不必站在手术室内，当然使用者还可以通过它分享自己在音乐会或足球赛的体验。

研究人员表示，虽然密码可能被拍到，不过还是可以通过其他方式增加密码的安全性，比如将密码设计的复杂一些，使用面部识别解锁或指纹解锁。

6. AR 基本特点

AR 基本特点如图 5-18 所示。

图 5-18　AR 基本特点

7. AR 工作原理

AR 工作原理如图 5-19 所示。

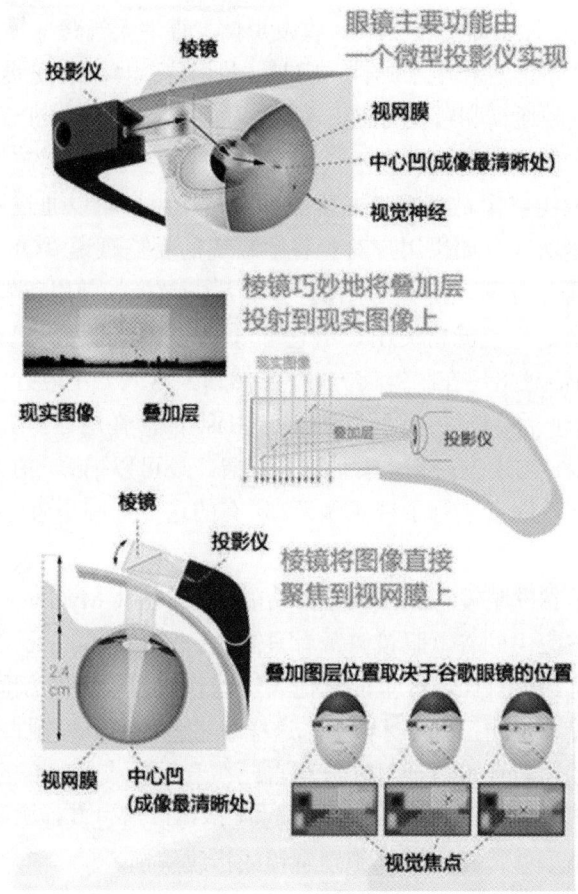

图 5-19　AR 工作原理

Google Project Glass 利用的是光学反射投影原理（HUD），即微型投影仪先是将光投到一块反射屏上，而后通过一块凸透镜折射到人体眼球，实现所谓的"一级放大"，在人眼前形成一个足够大的虚拟屏幕，可以显示简单的文本信息和各种数据。

Google Project Glass 实际上就是微型投影仪+摄像头+传感器+存储传输+操控设备的结合体。右眼的小镜片上包括一个微型投影仪和一个摄像头，投影仪用以显示数据，摄像头用来拍摄视频与图像，存储传输模块用于存储与输出数据，而操控设备可通过语音、触控和自动三种模式来控制。

三、MR（Mediated Reality，混合现实）

MR，既是混合现实，又称介导现实，由"智能硬件之父"多伦多大学教授 SteveMann 提出。

现实世界、虚拟世界、AR、VR 和 MR 关系如图 5-20 所示。

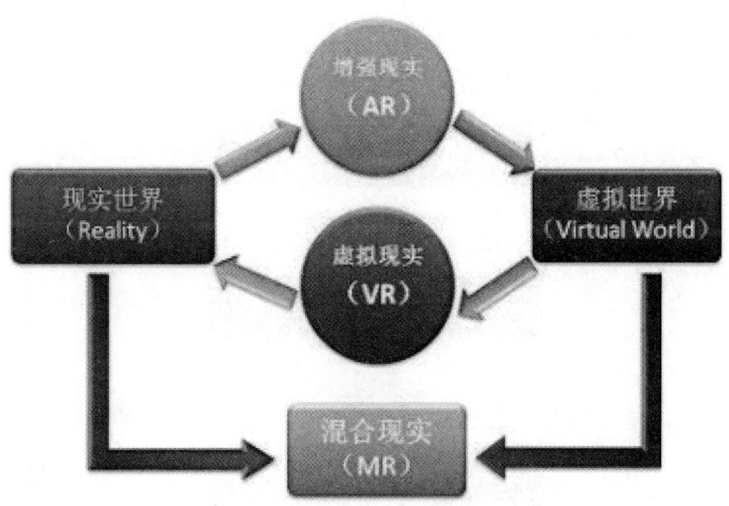

图 5-20 现实世界、虚拟世界、AR、VR 和 MR 关系

混合现实技术是虚拟现实技术的进一步发展，该技术通过在虚拟环境中引入现实场景信息，在虚拟世界、现实世界和用户之间搭起一个交互反馈的信息回路，以增强用户体验的真实感。

也就是说，MR 是将真实世界和虚拟世界混合在一起来产生新的可视化环境，环境中同时包含了物理实体与虚拟信息，并且必须是"实时的"。

1. 混合现实的特点

混合现实（MR）（既包括增强现实又包括虚拟现实）指的是合并现实和虚拟世界而产生的新的可视化环境。在新的可视化环境里物理和数字对象共存，并实时互动。系统通常采用三个主要特点：

（1）它结合了虚拟和现实。

（2）在虚拟的三维（3D）注册。

（3）实时运行。

混合现实（MR）的实现需要在一个能与现实世界各事物相互交互的环境中。如果一切事物都是虚拟的那就是 VR 的领域了。如果展现出来的虚拟信息只能简单叠加在现实事物上，那就是 AR。MR 的关键点就是与现实世界进行交互和信息的及时获取。

2. MR 的发展前景

有研究机构预估到 2020 年，全球头戴虚拟现实设备年销量将达 4000 万台左右，市场规模约 400 亿元，加上内容服务和企业级应用，市场容量超过千亿元。国内一线科技企业已加入到 VR 设备及内容的研发中，而在内容创造方面，也已经有了超次元 MR 这样的作品，这必然推动 VR 更快向 AR、MR 技术过渡。

目前全球从事 MR 领域的企业和团队都比较少，很多都处于研究阶段。MR 基本技术原理如图 5-21 所示。

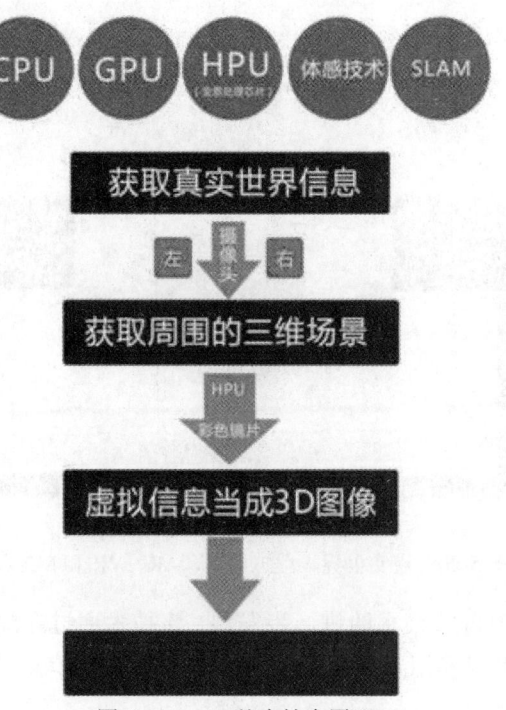

图 5-21　MR 基本技术原理

## 第三节　VR/AR 教学体验的设计与应用

对 VR/AR 教学体验进行评价是 VR/AR 教学设计应用的基本要求，建立相应的评价标准能够为全国 VR 设计大赛等应用的评判提供理论依据。可以依据用户界面、可用性和交互设计三个方面建立 VR/AR 教学体验设计的评价标准。[①]

1. VR/AR 教学体验的用户界面评价

用户界面是 VR/AR 教学场景的用户接口，对其评价应考虑以下因素：信息显示、菜单设置、地理位置、进度存取、操作、输入、视野、定制性。

2. VR/AR 教学体验的可用性评价

可用性体现了 VR/AR 教学体验在达成教学目标时的效率和方便性，对其评价应考虑以下因素：知情性、重复策略、预期性、进入策略、自然度、识别能力、一致性。

3. VR/AR 教学体验的交互设计评价

交互设计体现了 VR/AR 教学体验的沉浸性和交互性，对其评价应考虑以下因素：初次体验、环境、目标、任务、控制、挑战、反馈、进度、剧情。

VR/AR 系统具有的第一人称体验、自然语义、具身化、自主性和沉浸感等特征，使其在教育领域获得了愈来愈广泛的应用。通过提供多个维度的沉浸、交互与认知，VR/AR 教学系统能够激发学习动机、增强学习体验、实现情境学习和促进学习迁移。在由 VR/AR 构成的虚

---

① 李小平，赵丰年，张少刚，等. VR/AR 教学体验的设计与应用研究. 中国电化教育，2018（3）.

拟环境/叠加环境中，知识获得了多重表征和富语义的呈现，能够让学习者在承载着故事的多维空间中穿梭，以可视化、智能化和个性化的方式体验事物的变化过程和极端变化，从知识产生的源头、知识发展的动力和知识应用的方向等角度构建知识，真正达到学有所得和学以致用。但是，VR/AR 教育应用仍然处于较为初级的阶段，一定程度上限制了 VR/AR 技术与教育的深度融合。本文提出的 VR/AR 教学体验产生框架、类别定义、构成框架、应用模型和评价标准，将为 VR/AR 教学体验的设计和评价提供相应的理论和实践支撑，从而促进 VR/AR 技术在教育领域的推广和应用。

## 练习和作业

### 一、练习

1. 了解交互式电子白板的使用：新建（白页、黑页）、打开、写字、画图、擦除、保存、打印、学科工具、遮屏、幕布、聚光灯、退出等基本操作。
2. 了解 AR、VR 和 MR，知晓 AR、VR 和 MR 的区别。

### 二、作业

讨论：AR、VR 和 MR 分别适合什么学科的具体教学？

说明：学校实验室可能无法满足相关设备和技术的实验条件，我们可以根据网络视频了解并观看用户使用体验。

# 第六章 听觉媒体——数字音频处理

Sound Forge 是著名的 Sonic Foundry 公司的拳头产品，是一个很全面的音频编辑软件，使用非常广泛，从音乐制作到游戏音效的编辑，都有它的身影。对于音频编辑，从功能上来说，Sound Forge 目前是同类型软件里最强大的，如果不考虑效果器，它从性能上来说也是数一数二的。Sound Forge 的操作完全是 Windows 的风格，很容易上手。

Sound Forge 在音频处理中可以进行：
- 声音的任意剪辑。
- 直接绘制声波，或对声波进行直接修改。
- 声音振幅的放大缩小（包括淡入淡出，包洛线等）；声像（就是俗称的左右平衡）的改变；左右声道相位差的任意改变。
- 频率均衡（EQ）处理。
- 混响/回声/延迟处理（Reverb/Echo/Delay）。
- 和唱（Chorus）处理。
- 动态（包括压缩、限制、门）处理。
- 失真（Distortion）处理。
- 降低噪声处理。
- 降调，时间拉伸处理。
- 声音文件格式转换（支持几乎所有的格式和各种采样率、精度）。
- 支持基于 DirectX 标准的效果插件（相当于图形处理领域中的"滤镜"）。
- 可以读取影像文件，影像配音功能强大。
- 用 FM（频率调变）的方法自动生成声音，可以用来制作 FM 音色。
- 刻录 CD 唱片（需要安装附加软件）。

Sound Forge 支持绝大多数音频格式文件，也支持一些压缩格式如 MP3 等。SoundForge 目前支持打开的主要格式有：Creative Labx VOC（*.voc）、MPEG Audio（*.mp3,*.mpg,*.mpeg）、Video for Windows（*.avi）、Wave（Microsoft）（*.wav）、Raw File（*.raw）。

Sound Forge 的默认工作界面如图 6-1 所示。Sound Forge 的工作区所包含的内容有：

（1）声音波形显示区：显示当前声音文件的波形。若编辑窗中的声波是立体声，则有两条声波，上面是左声道，下面是右声道。如果是单声道，那么只会有一条波。

在窗口中有一条闪动的竖线，表示当前播放点的时间位置（current position），具体数值可以从窗口下方的状态栏中读出。我们还可以选定某一段波形区域，选定的范围也能从窗口下方的状态栏中读出。窗口中间的横线表示波形的中心，也就是声音最小点，上方和下方的这两条线表示计算机最大允许音量的一半。

（2）音量标尺：声音音量的大小是通过声音波形的波动幅度来表现的，音量标尺表示的就是这种幅度的大小。在音量标尺中,中间点的音量最小,而声音的波形偏离中心越远,表明音量越大。音量的度量单位默认是以分贝(dB)来表示,并且规定计算机所能识别的最大音量为 0dB,也就是音量标尺的最外侧,向内音量依次减小。所以,平时我们看到的音量的分贝值都是负的。也可以设置成百分比来表示音量,这时音量的最大值被设定为 100%,最小音量则被设置为 0%。在音量标尺中右击,在弹出的菜单中有两个选项,Label in percent(用百分比显示)和 Label in dB(用分贝值显示),用户可以根据自己的习惯选择切换。

(3)时间标尺:表示波形的横向时间位置。上方横线框所表示的区域代表窗口当前所显示的波形在整个波形文件中的位置,下方的滑块也是这个作用。在时间标尺上,我们还可以在特定位置做标记(Markers/ Regions),将声音分为几段,便于处理。

(4)播放控制按钮:这就像一个简单的录音机,包括"到开头""到结尾""停止""播放"和"循环播放"按钮。

(5)状态条:整个工作平台的最下方是状态条。平时,这里显示的是当前工作窗口内声音文件的参数(采样频率、采样位数、立体声/单声道、声音总长度)和硬盘缓冲区可用的交换空间;在我们进行某项操作时,左侧还会显示操作进行过程的百分比。

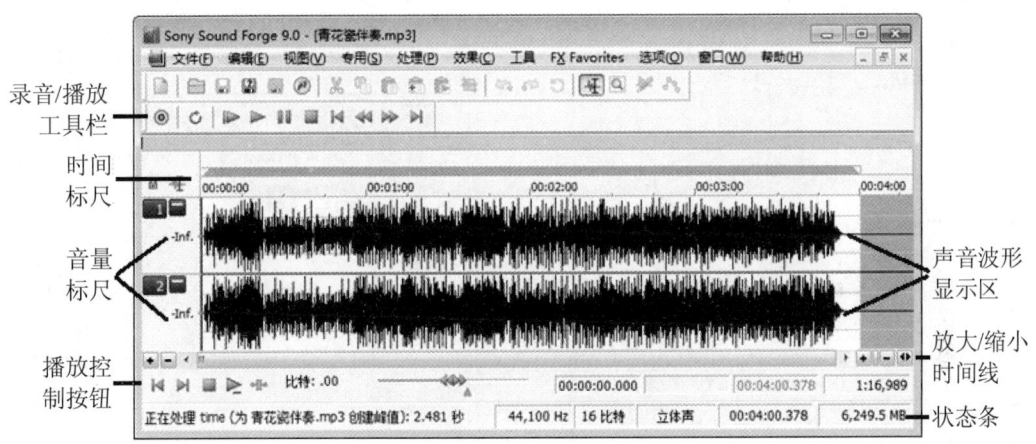

图 6-1　Sound forge 界面

## 第一节　录音——数字音频的采集和获取

在录音之前,应先确认声音属性已经设置为录音状态。操作方式如下:

右击任务栏上的音量控制按钮,在打开的菜单里选择"录音设备",如图 6-2 所示,就可以看到录音设备了,如图 6-3 所示。

如果列表中没有显示麦克风,那就说明该电脑没有识别到麦克风,可能的原因有插头松动或者麦克风损坏等,无法进行录音,需要事先检测并处理好。

单击图 6-3 中的"属性"按钮,在打开的"Internal Microphone 属性"对话框中可以设置音量、通道等属性,如图 6-4、图 6-5 所示。

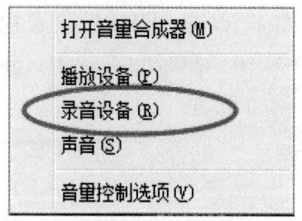

图 6-2　选择录音设备

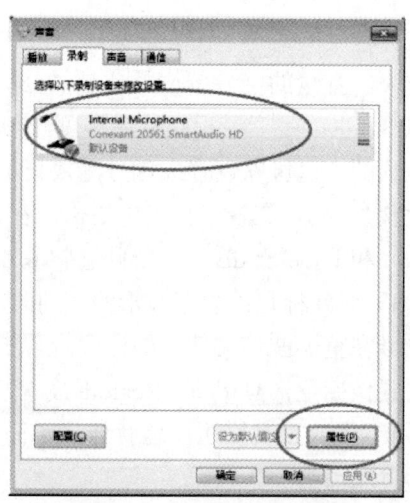

图 6-3　"声音"对话框

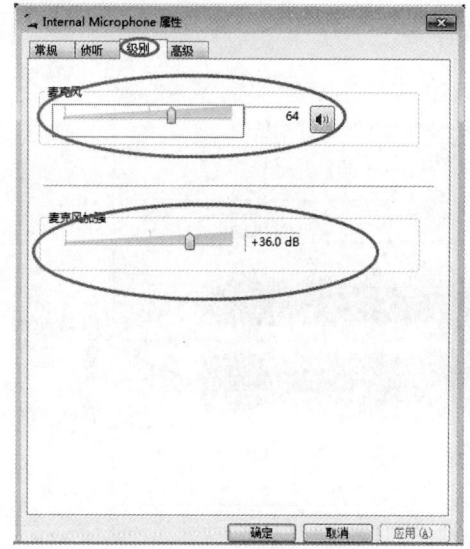

图 6-4　麦克风属性"级别"

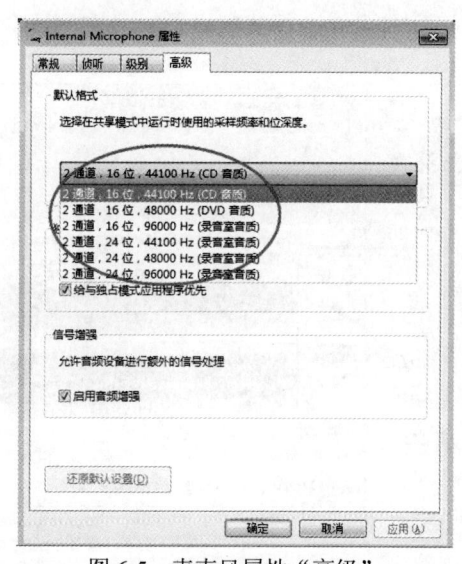

图 6-5　麦克风属性"高级"

设置好这些参数后,就可以开始录音了。

### 一、使用 Windows 录音机录音

简单的声音录制可以直接使用 Windows 附带的录音机软件来实现,其工作界面如图 6-6 所示,单击"开始录制"按钮即可开始录音。

图 6-6　Windows 录音机

## 二、Sound Forge 的录音功能

需要更多的录音功能，可以打开 Sound Forge 软件，使用其录音功能。图 6-7 为 Sound Forge 默认启动界面，其中红色方框内的第一个按钮即为录音按钮。

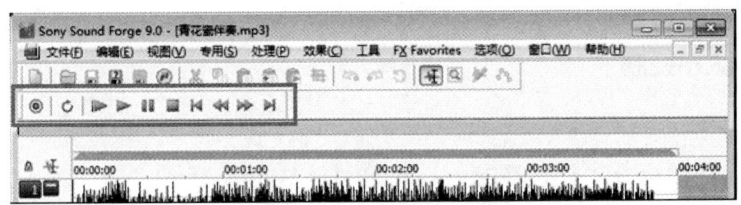

图 6-7  Sound Forge 界面

在 Mic 或 Line in 口接上话筒或线材后，单击此录音按钮即可打开"录音"对话框，这时可以看到跳动的电平表，如图 6-8 所示，单击电平表上方的录音按键即可开始录音。

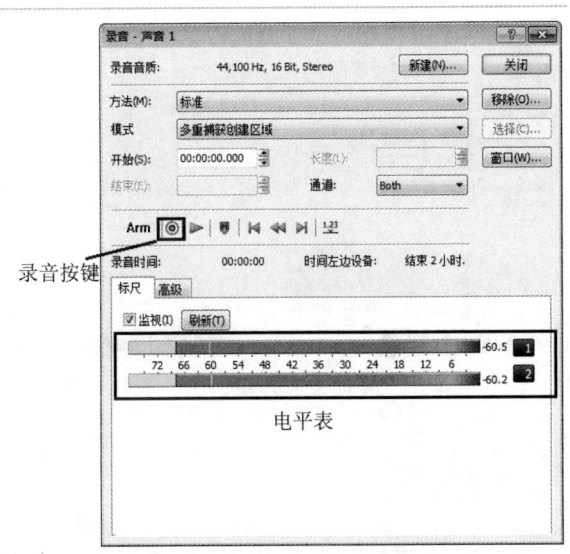

图 6-8  "录音"对话框

Sound Forge 的录音与 Windows 的录音设置相关，Sound Forge 将只录入你所选择的输入口，如话筒、线路输入或 MIDI 等。需要注意的是，在录音过程中应当随时留意电平表的变化，如果输入电平过大会导致声音失真，这时电平表上将会有 Clip 字样提醒。一般情况下此时应该停止录音，并重新调整录音电平再重新开始录音。录音电平也不能调得太低，数字音频对低电平的描述没有高电平精确，录音电平过低对于录音质量是有不良影响的。

# 第二节  声音的剪辑

声音在电脑 PC 中主要的格式是 WAV（后缀.wav）格式，在苹果机中是 AIFF（后缀.aif）格式，它们和音乐 CD 的格式在本质上是相同的。

"采样率"和"采样精度"是数字化声音的两个最基本要素。44.1kHz 是最常见的采样率标准，此外还有 22050Hz、11025Hz 等。采样精度 16bit 较为常见，此外还有 8bit、24bit 等。CD 音乐的格式就是采用 44.1kHz/16bit 标准，大多数的 WAV 文件也是采用这个标准，但在一些多媒体文件里，为了减少文件大小会采用更低的标准，例如在 Flash 中广泛使用的是 11.025kHz/8bit，甚至更低。

### 一、声音的大小控制

1. 调整音量

【功能键】：菜单命令"处理（Process）/音量（Volume）"。

【操作步骤】：

（1）选择菜单命令"文件（File）/打开（Open）"，打开声音文件 tov-1.wav，仔细观察声音的波形。

（2）选择菜单命令"处理（Process）/音量（Volume）"，如图 6-9 所示。

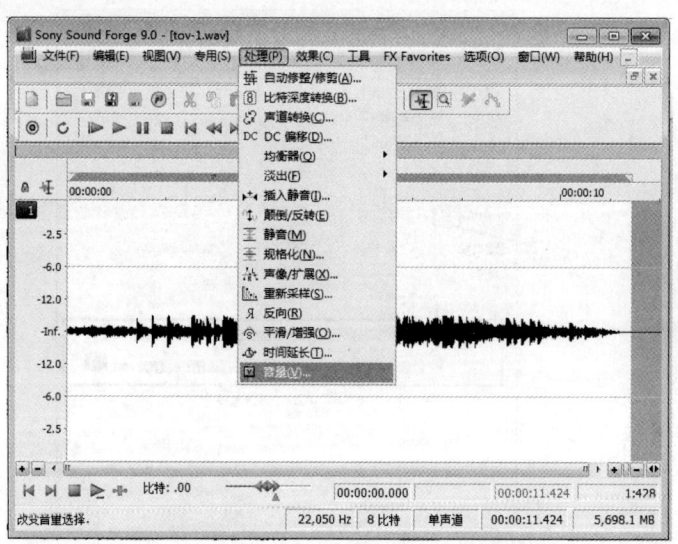

图 6-9　处理（Process）/音量（Volume）

（3）在弹出的对话框里拖动调节音量的滑块，如图 6-10 所示，数字越大音量就越大。可以用键盘上的方向键微调，然后单击"确定"按钮。

（4）保存文件。这时可以看到 WAV 文件的波形变厚了，如图 6-11 所示，单击"播放"按钮，试听声音设置后的效果。

2. 静音处理

【功能键】：菜单命令"处理（Process）/静音（Mute）"。

【操作步骤】：

（1）选择菜单命令"文件（File）/打开（Open）"，打开声音文件 tov-1.wav。

（2）拖动鼠标指针选择需要静音的区域，然后选择菜单命令"处理（Process）/静音（Mute）"，如图 6-12 所示。

第六章 听觉媒体——数字音频处理

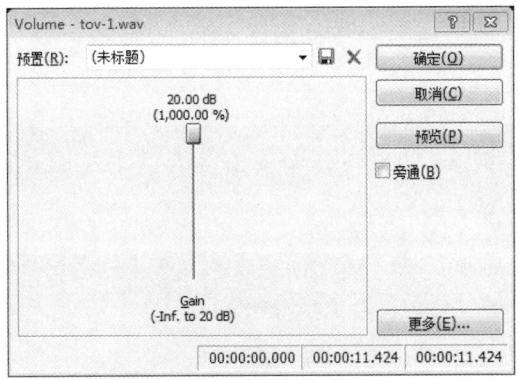

图 6-10 Volume 对话框

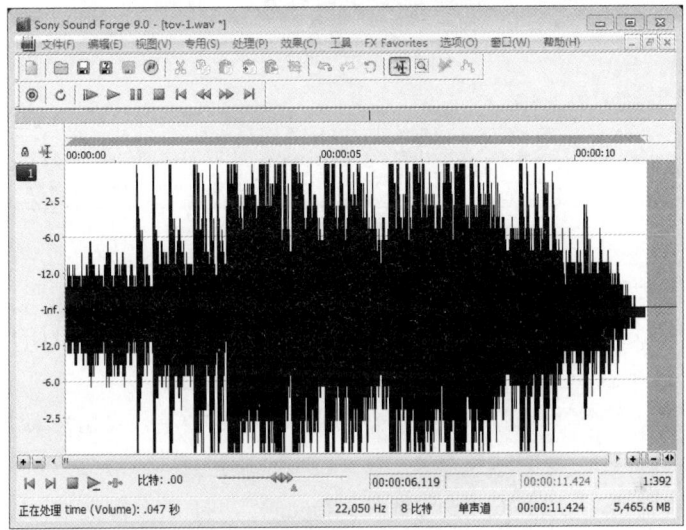

图 6-11 音量增大了的 tov-1 波形

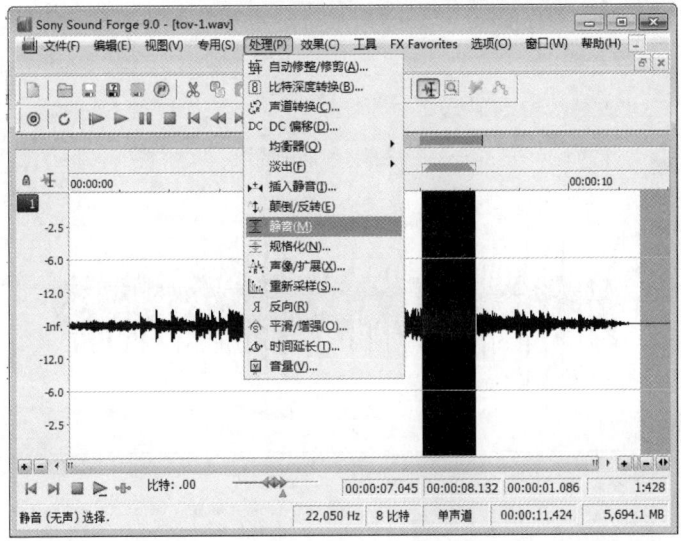

图 6-12 处理（Process）/静音（Mute）

（3）这时可以发现前面所选定区域的波形没有了，如图 6-13 所示，这部分已经没有任何声音了。

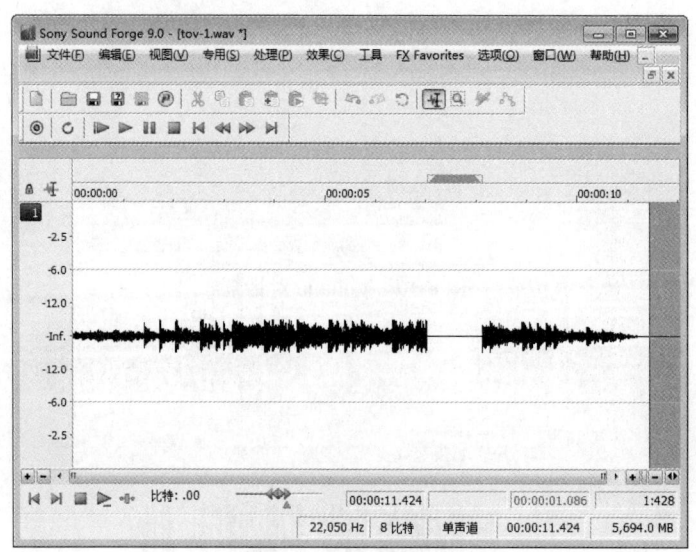

图 6-13　静音后的波形

3．声音的淡化处理

声音的淡化处理是录音师们经常使用的一种声音处理过程，主要目的是让声音的音量平滑地过渡，不至于产生音量突然变弱或突然变强的突兀感觉。

【功能键】：菜单命令"处理（Process）/淡出（Fade）/淡入（In）/淡出（Out）"。

【操作步骤】：

（1）选择菜单命令"文件（File）/打开（Open）"，打开声音文件 tov-2.wav，波形如图 6-14 所示。

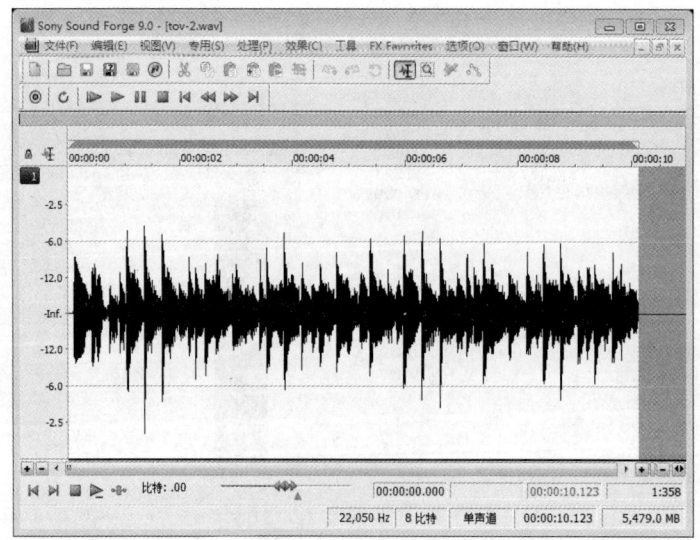

图 6-14　tov-2 波形

（2）如图 6-15，拖动鼠标指针选中波形前一段，然后选择"处理（Process）/淡出（Fade）/淡入（In）"命令。

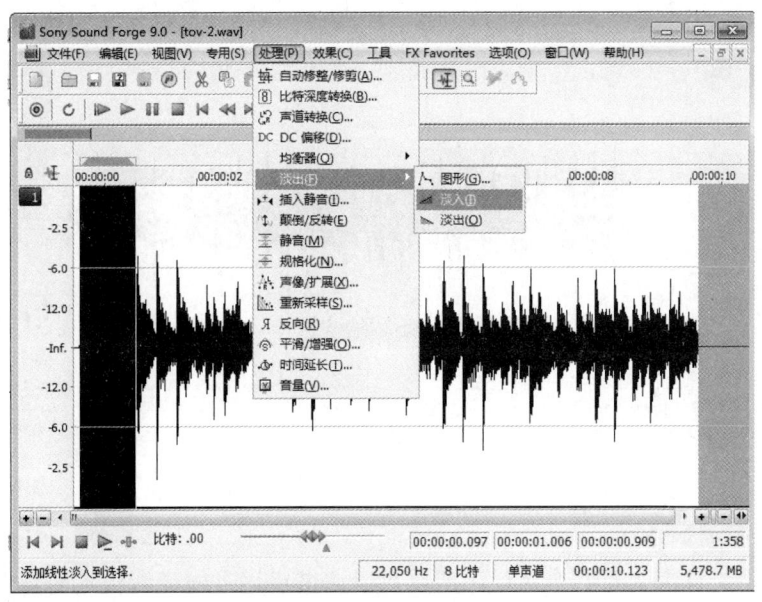

图 6-15　淡入

（3）同样方式拖动鼠标选中波形最后一段，再执行"处理（Process）/淡出（Fade）/淡出（Out）"命令，如图 6-16 所示。

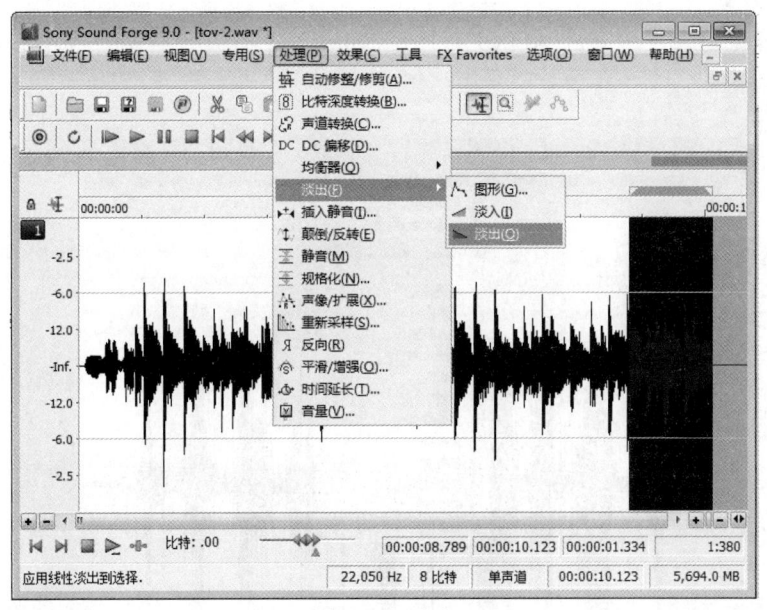

图 6-16　淡出

完成后效果如图 6-17 所示，声音文件的波形图首尾两头变成尖尖的渐进式形状，声音播放时首尾过渡变得自然。

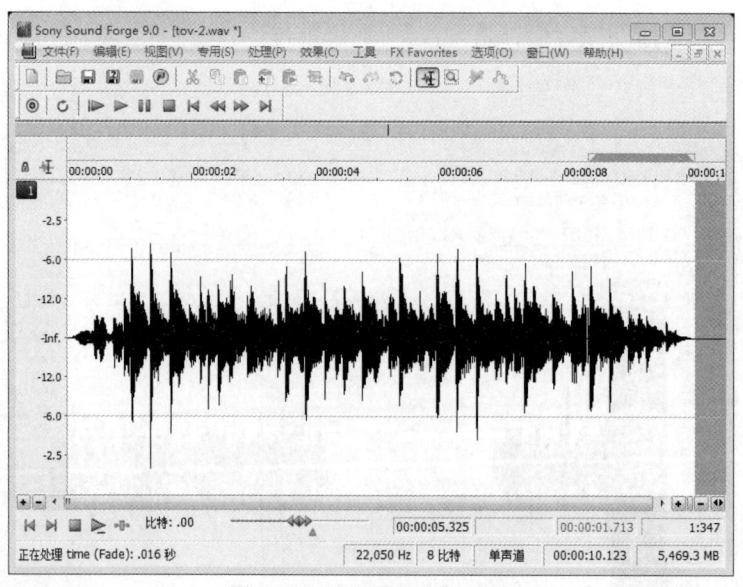

图 6-17　淡入淡出处理结果

**4．方位音效的制作**

立体声声音文件因为有两个声道，所以可以通过声道之间声音信号的差别使我们产生声音的方位感，这种声音位置的感觉被称为"声象定位"。Sound Forge 也可以通过声像处理来制作出方位音效效果。

【功能键】：菜单命令"处理（Process）/声道转换（Channel Converter）"。

【操作步骤】：

（1）选择菜单命令"文件（File）/打开（Open）"，打开声音文件 tov-3.wav，波形如图 6-18 所示。

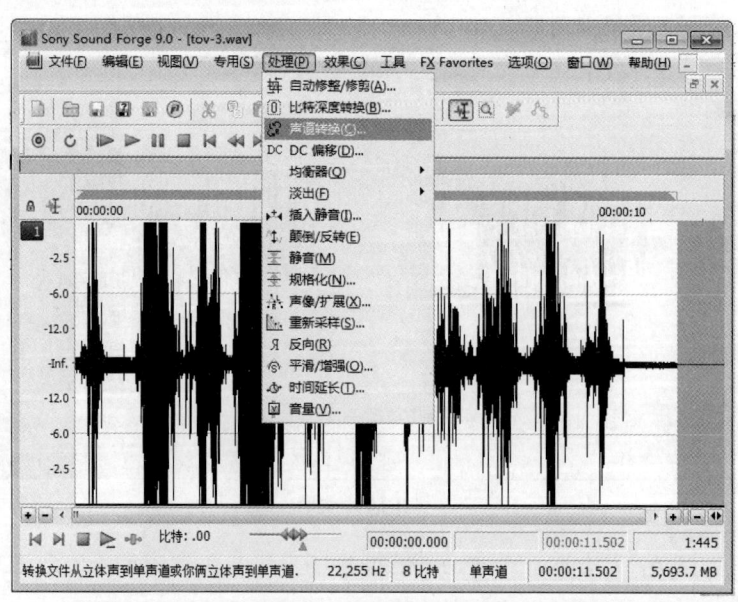

图 6-18　处理（Process）/声道转换（Channel Converter）

（2）如图 6-19 所示，在 Channel Converter 对话框的"预置"栏选择[Sys] Mono to Stereo - Invert phase psuedo-stereo，再单击"确定"按钮，将单声道文件变成了双声道文件，波形如图 6-20 所示。

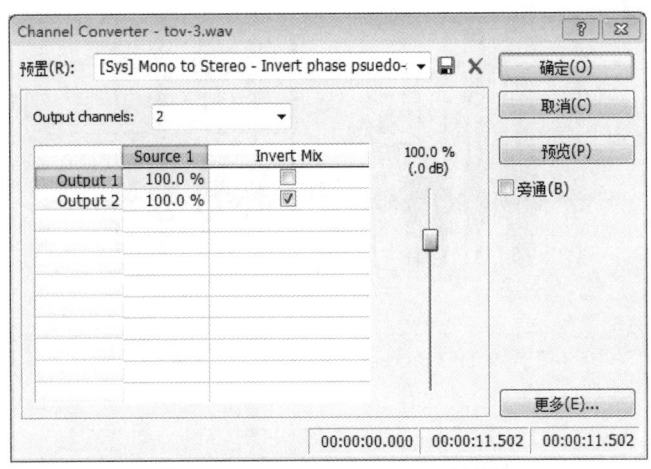

图 6-19　Channel Converter 对话框

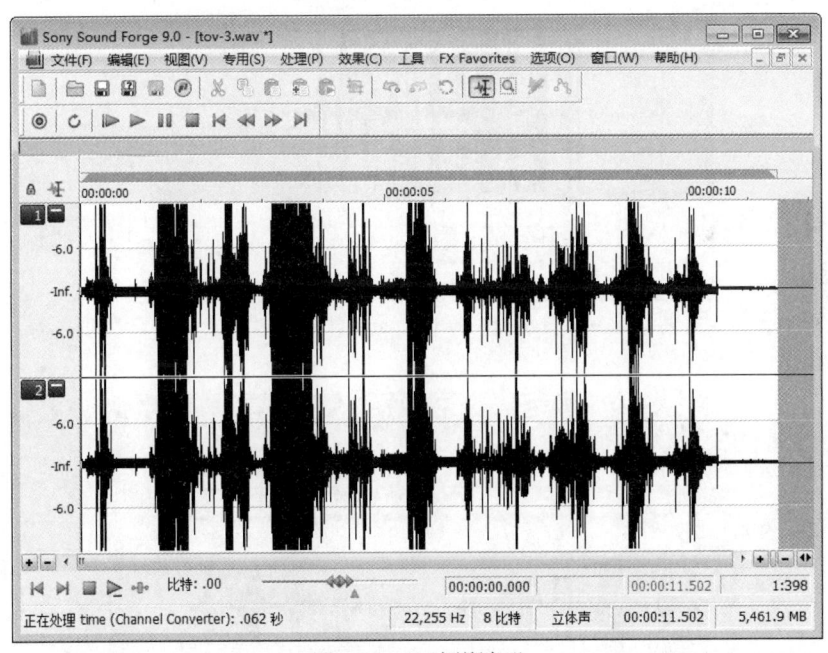

图 6-20　双声道波形

（3）选择"处理（Process）/声像/扩展（Pan/Expand）"命令，如图 6-21 所示，打开"声像/扩展（Pan/Expand）"对话框，其中声道线 Center 上方代表左声道，下方代表右声道。

在声道线中间双击，声道线上会出现一个小方块，把小方块拖到最下面，如图 6-22 所示。预览可以试听声音效果，满意后单击"确定"按钮。

最终设置波形效果如图 6-23 所示。

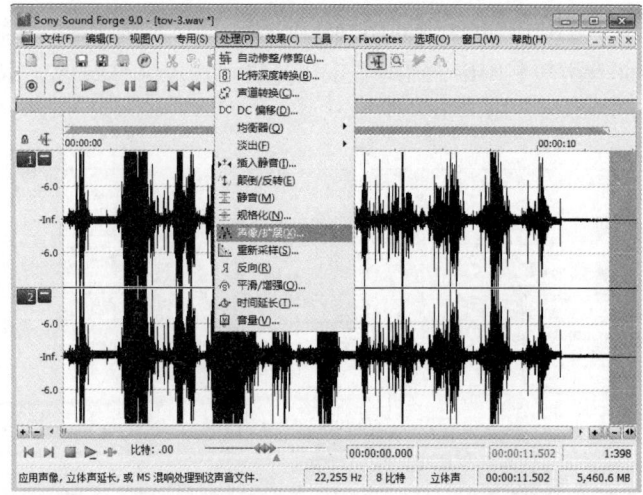

图 6-21　处理（Process）/声像/扩展（Pan/Expand）

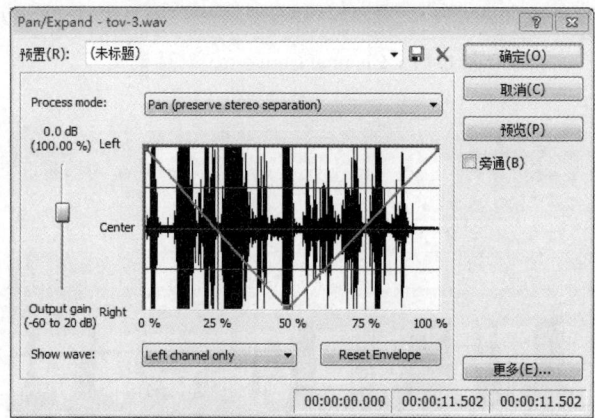

图 6-22　Pan/Expand 对话框

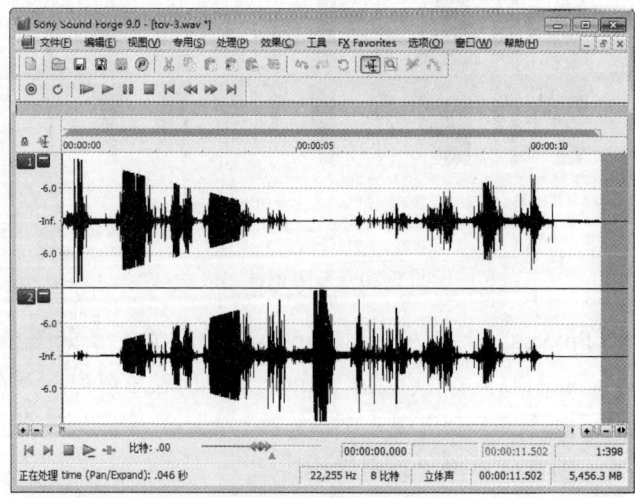

图 6-23　设置好的效果

## 二、声音的剪辑

声音剪辑是 Sound Forge 提供的最基本的功能，包括声音区域的选取、删除、移动、复制、修剪、插入空白声音等。

### 1. WAV 减肥

在准备声音素材时，若现有的 WAV 声音文件或者自己录制的文件声音太大，那么我们可以用 Sound Forge 软件对文件属性进行修改，来减小 WAV 声音大小。我们知道，声音文件的属性包括这样三个参数：采样频率、采样位数和声道数（立体声或单声道）。在实际应用中，我们往往需要改变这些参数。在这三个参数中，采样位数和声道数最容易改变。

【功能键】：菜单命令"文件（File）/属性（Attribute）"或状态栏的属性位置双击鼠标。

【操作步骤】：

（1）选择菜单命令"文件（File）/打开（Open）"，打开声音文件 merry christmas.mp3，其波形如图 6-24 所示。

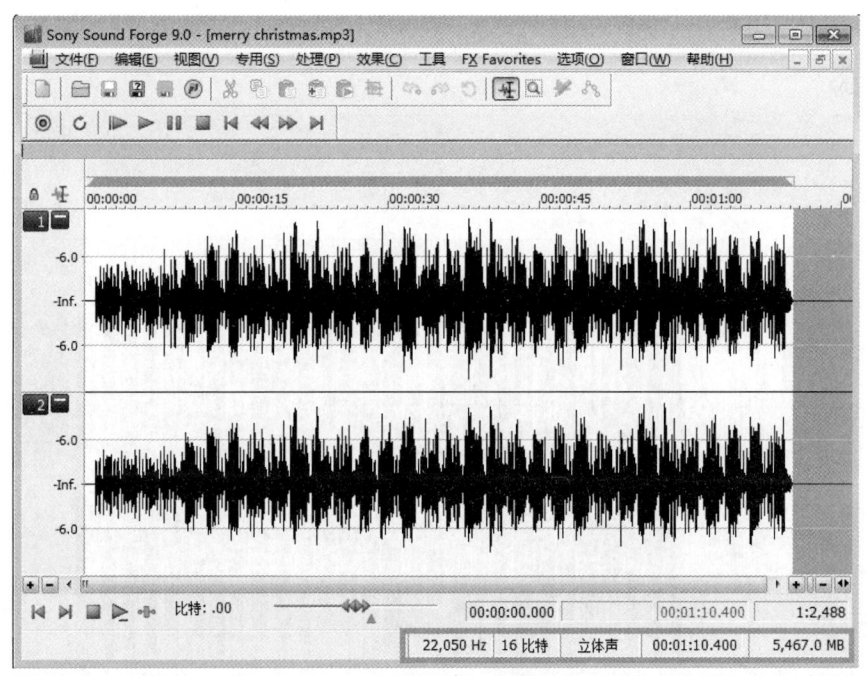

图 6-24　声音文件 merry christmas.mp3

（2）双击图 6-24 中状态栏的红色框框住的属性位置，或者执行"文件/属性"命令，打开"属性"对话框，如图 6-25 所示。选择"格式"选项卡，并在"位深（B）"栏中选择"8 比特"，"声道"栏选择"1（单声道）"，然后单击 OK 按钮。

注：采样比特数字越大声音就越快越细，所以可以通过调整该项数值来实现女声变男声、男声变女声的效果。

（3）在弹出的"立体声到单声道"对话框中选择"混合通道"，然后单击"确定"按钮，如图 6-26 所示，就把立体声的双声道混合成一个通道。

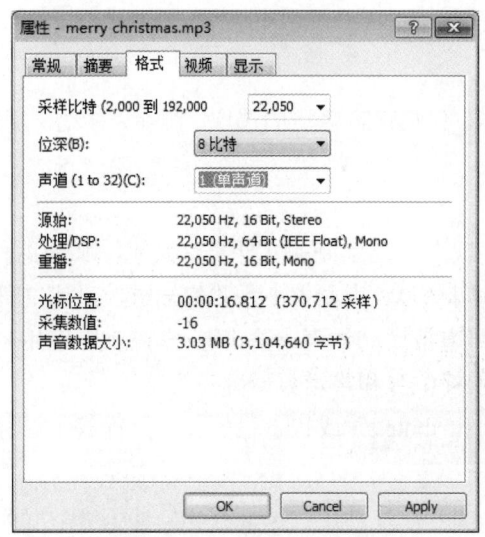
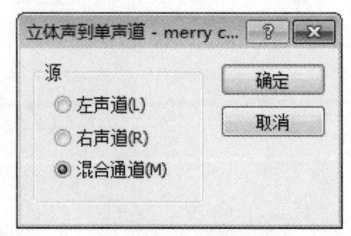

图 6-25 "属性"对话框　　　　图 6-26 "立体声到单声道"对话框

合成的效果如图 6-27 所示。选择菜单命令"文件/另存为",将修改后的 WAV 文件保存下来,你就发现新文件比原来的文件大小缩小了一半。

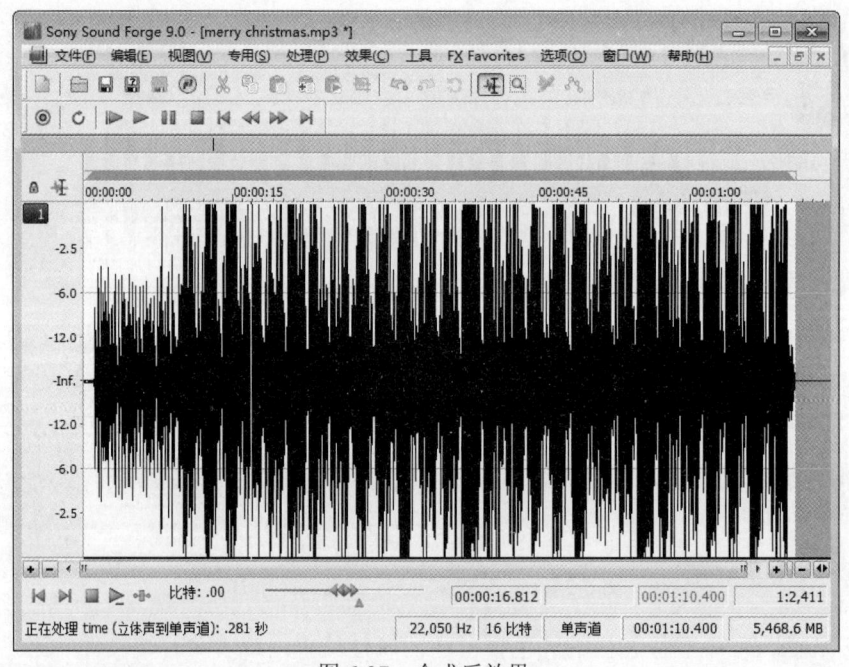

图 6-27 合成后效果

**2. 声音片段的移动、复制和删除**

利用 Sound Forge 软件可以很方便地对声音片段进行操作。

【操作步骤】:

(1)选择菜单命令"文件(File)/打开(Open)",打开声音文件 tov-4.wav,其波形如图 6-28 所示。

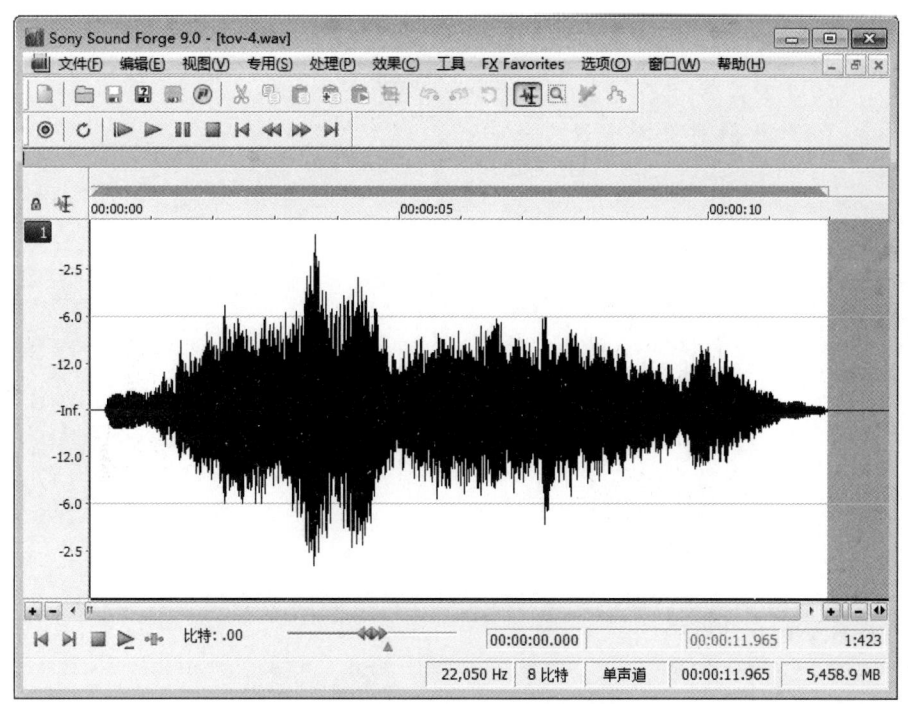

图 6-28   tov-4.wav 原始波形图

（2）拖动鼠标指针选中波形上的某一段，使用快捷键 Ctrl+C/Ctrl+X，再单击指定位置按 Ctrl+V 组合键，实现波形的复制/移动。

（3）拖动鼠标指针选中波形上的某一段，在键盘上按下 Delete 键，删除声音片段。

3. 声音的反转

声音的反转，就是把声波从后往前反转过来，这样能达到一些意想不到的效果。

【功能键】：菜单命令"处理（Process）/反向（Reverse）"。

【操作步骤】：

（1）选择菜单命令"文件（File）/打开（Open）"，打开声音文件 tov-4.wav，其波形如图 6-28 所示。

（2）选择菜单命令"处理（Process）/反向（Reverse）"，声音波形会变成如图 6-29 所示的效果。打开播放按钮，听听看有什么区别。

4. 音速调整

【功能键】：菜单命令"处理（Process）/时间延长（Time Stretch）"。

【操作步骤】：

（1）选择菜单命令"文件（File）/打开（Open）"，打开声音文件 tov-4.wav，其波形如图 6-28 所示。

（2）选择菜单命令"处理（Process）/时间延长（Time Stretch）"，在弹出的 Song Time Stretch 对话框中调整 Mode，拖动 Final Time 滑块或直接输入时间以调整到你想要的长度，再单击"预览"按钮来试听声音效果。效果满意后单击"确定"按钮，如图 6-30 所示。

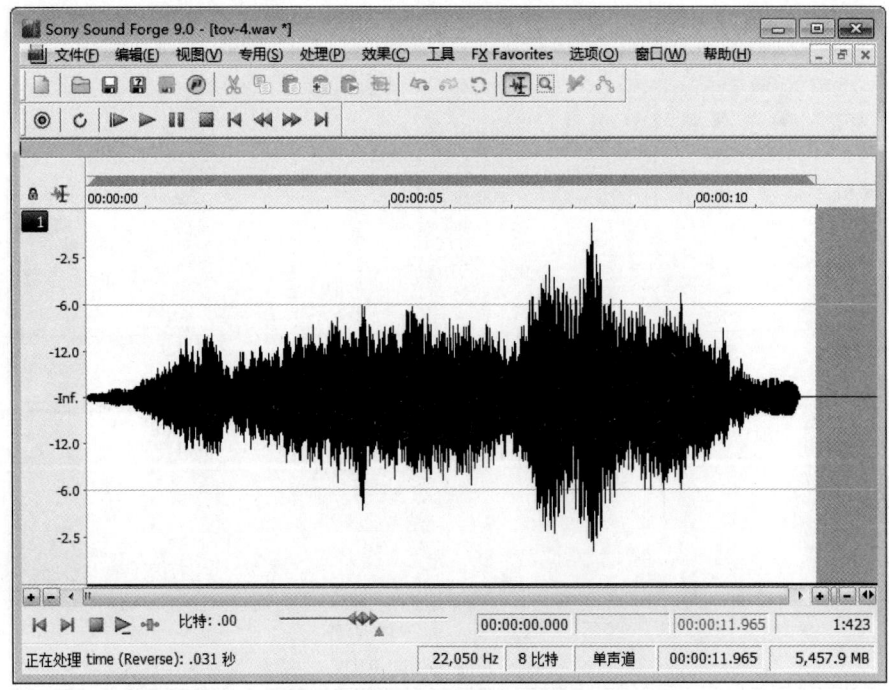

图 6-29　tov-4.wav 反向后波形图

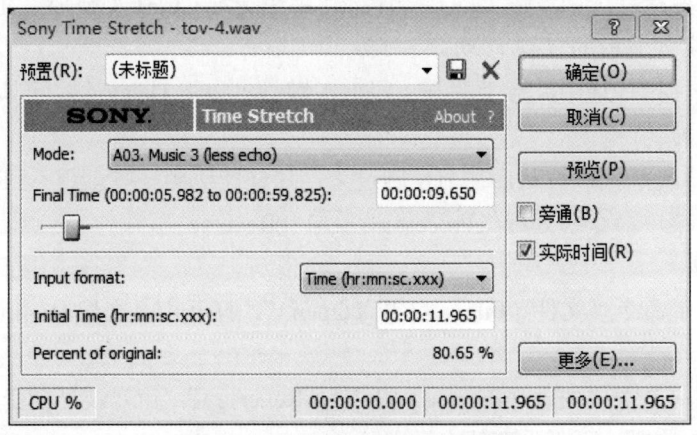

图 6-30　Sony Tine Stretch 对话框

5. 插入空白声音片段

【功能键】：菜单命令"处理（Process）/插入静音（Insert Silence）"。

【操作步骤】：

（1）选择菜单命令"文件（File）/打开（Open）"，打开声音文件 tov-4.wav，其波形如图 6-28 所示。

（2）在要插入空白声音的波形位置单击。

（3）选择菜单命令"处理（Process）/插入静音（Insert Silence）"，在弹出的 Insert Silence 对话框的 Insert 文本框中填入需要插入的空白时间长度，如图 6-31 所示。

第六章　听觉媒体——数字音频处理

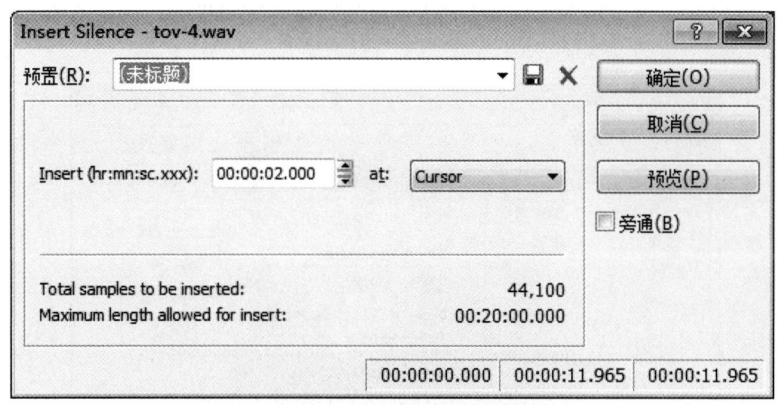

图 6-31　插入空白声音

### 三、音效处理

声音的效果处理能将声音千变万化。常规的效果处理有混响、延迟/回声、合唱、动态（压限/门/扩展）、升降调、颤音、失真等。

1. Reverb 混响

混响（Reverb）是最常用的两个效果器之一，能模拟各种空间效果，如教室、操场、礼堂、大厅、山谷、体育馆、走廊、客厅、卫生间等。

【功能键】：菜单命令"效果（Effects）/混响（Reverb）"。

【操作步骤】：

（1）选择菜单命令"文件（File）/打开（Open）"，打开声音文件 tov-5.wav，其波形如图 6-32 所示。

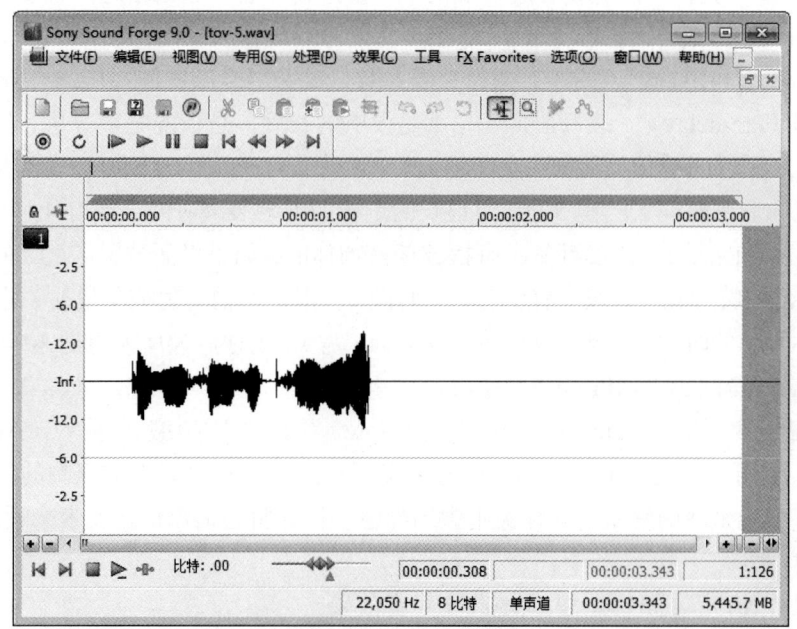

图 6-32　tov-5.wav 波形

(2) 选择菜单命令"效果(Effects)/混响(Reverb)",打开如图 6-33 所示的对话框。

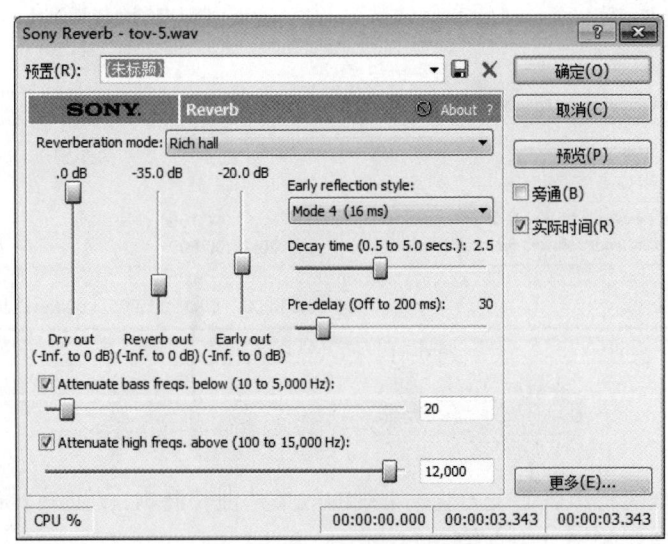

图 6-33　Sony Reverb 对话框

(3) 设置对话框中的各参数,并单击"预览"按钮试听参数变动带来的不同效果。

这里还有两个很重要的参数：Dry out 和 Reverb out(Wet out)。

Dry out 指原始声音,也叫干声输出。Reverb out(Wet out)是指经过了处理以后的声音,也就是混响效果声的大小。这两个名词在音频领域的各个方面、各个效果器中时有出现,是很常见的专业术语,并不是混响里才有的。一般的效果处理都是把这两种声音以一定的比例混合,得到最终的声音。我们可以把它理解成"处理的强度",Dry out 越小,Reverb out(Wet out)越大,处理得越"厉害",反之越轻。在混响中,要想使声音听起来很远,就要把 Dry out 拉小,Reverb out(Wet out)设大。Early out 指声音的散射度。

控制空间大小和声音远近的还有两个重要参数,就是"衰减时间(Decay time)"和"前反射到达时间(Pre-delay)"。衰减时间,也就是混响的长度,是指混响声音从开始到结束的声音持续多长。衰减时间越长,则表示空间越大。例如,大厅的混响衰减时间大约是 2 秒多,西方大教堂的混响衰减时间大约是 3 秒,而很长的走廊的混响衰减时间一般有 4 秒以上。需要注意的是,这里所说的大厅、走廊都是没有摆放任何物体的,如果里面放置了很大的物品或者物品很多,那么混响特性就会改变。前反射到达时间(一般简称前反射或早反射)是指"第一个"反射声到达你耳朵的时间。一般的教室的 Pre-delay 是 15 毫秒,大厅大约是 30 毫秒,大教堂是 70 毫秒左右。空间越大,Pre-delay 越大。

"低频截止频率(Attenuate bass freqs.below)"和"高频截止频率(Attenuate high freqs.above)"是用来改变混响"色彩"的频率参数。通过它们可以调节混响的色彩,将这两个频率调高,会带来冷的感觉,就像美术中的冷色一样,将它们调低,就带来暖的感受了。

2. 合唱效果

合唱效果能使声音更丰满,极大地改变声音效果。

【功能键】：菜单命令"效果(Effects)/合唱(Chorus)"。

【操作步骤】：

（1）选择菜单命令"文件（File）/打开（Open）"，打开声音文件 tov-6.wav，其波形如图 6-34 所示。

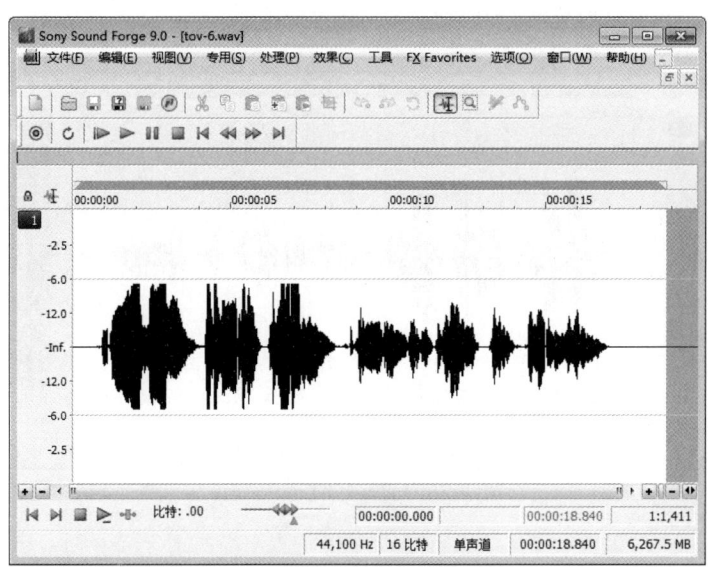

图 6-34　tov-6.wav

（2）选择菜单命令"效果（Effects）/合唱（Chorus）"，打开 Chorus 效果器，如图 6-35 所示。

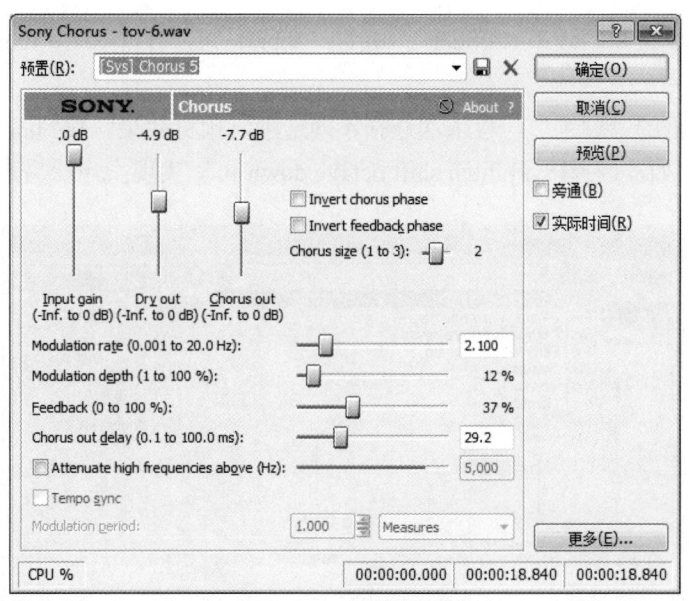

图 6-35　Chorus 效果器

（3）在"预置（Name）"列表中选择[Sys] Chorus 5 效果，也可以依次尝试其他预置选项，看看它们的特别之处。

（4）设置后的波形如图 6-36 所示，单击"播放"按钮听听设置后的效果。

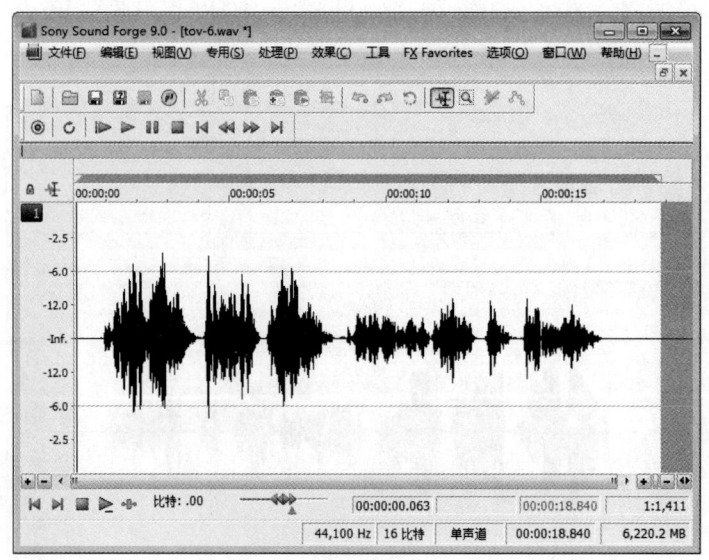

图 6-36　调整好的 tov-6.wav

3. 颤音效果

【功能键】：菜单命令"效果（Effects）/颤音（Vibrato）"。

【操作步骤】：

（1）选择菜单命令"文件（File）/打开（Open）"，打开声音文件 tov-6.wav，其波形如图 6-34 所示。

（2）选择菜单命令"效果（Effects）/颤音（Vibrato）"，打开 Sony Vibrato 对话框，如图 6-37 所示。

（3）在对话框的"预置"一栏依次选择不同选项，预览效果。找到满意的效果之后单击"确定"按钮。例如，选择[Sys] Pitch shift octave down 可以实现女声变男声的效果。

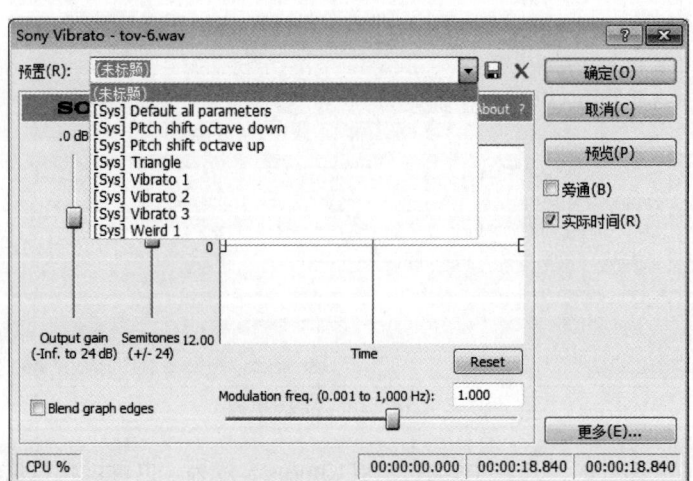

图 6-37　Vibrato 对话框

4. 回音效果

【功能键】：菜单命令"效果（Effects）/延迟/回声（Delay/Echo）"。

【操作步骤】：

（1）选择菜单命令"文件（File）/打开（Open）"，打开声音文件 tov-5.wav，其波形如图 6-32 所示。

（2）选择菜单命令"效果（Effects）/延迟/回声（Delay/Echo）"下的"简易均衡器"命令，如图 6-38 所示。

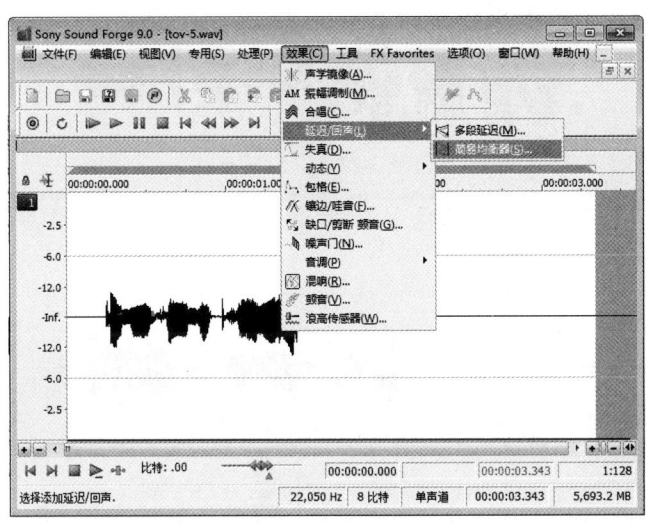

图 6-38　简易均衡器

（3）在打开的 Sony Simple Delay 对话框的"预置"一栏选择[Sys] Echo chamber（回音室），如图 6-39 所示，再单击"确定"按钮。若想要更强烈的回音，也可以选择[Sys] Grand Canyon（大峡谷）。

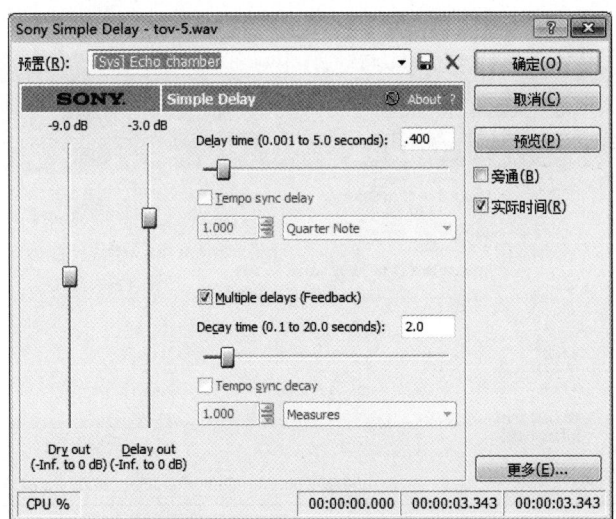

图 6-39　Simple Delay 对话框

（4）单击"播放"按钮试听设置后效果。需要注意的是，处理回音时需要在原来 WAV 文件后面留一段静音来放置回音，还可以在结尾处做淡出处理，以使得更加逼真。

5. 消除噪声

【功能键】：菜单命令"效果（Effects）/噪声门（DC Offset）"。

【操作步骤】：

（1）选择菜单命令"文件（File）/打开（Open）"，打开声音文件 tov-9.wav，其波形如图 6-40 所示。播放文件，感受现在的噪声强度。

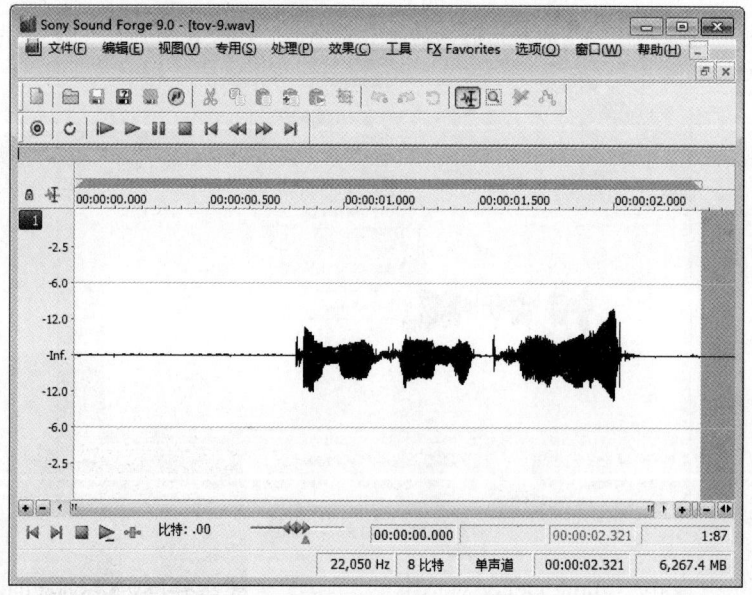

图 6-40　tov-9.wav

（2）选择菜单命令"效果（Effects）/噪声门（DC Offset）"，打开 Sony Noise Gate 对话框，如图 6-41 所示。

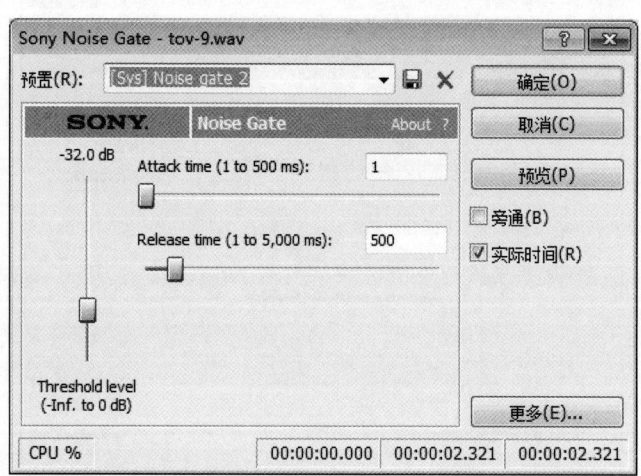

图 6-41　Sony Noise Gate 对话框

对话框左面的滑快代表噪声的最低限度,处理过程中,系统遇到最低限度以下的声音信号就会认为是噪声。Attack time 栏的数字"1"代表声音的音量超过最低限度音量超过 1 毫秒以上的时间,系统就不认为是噪声。Release time 栏的数字"500"表示只有声音的音量低于最低限度音量 500 毫秒,它才会被当作噪声去除。

(3)该 wav 文件的噪声不是很多,可以直接选择"预置"效果中的[Sys] Noise gate 2 效果,然后单击"确定"按钮。

(4)播放文件,会发现前半段的噪声已经基本消除,但后半段仍然存在较为明显的噪声。考虑到这段噪声没有同说话声音混在一起,可以考虑用"静音"这个功能实现去噪效果。

单击右下角的时间轴缩放按钮,将缩放比例调整为 1:32。拖动鼠标指针选中噪声部分,然后选择菜单命令"处理(Process)/静音(Mute)",如图 6-42 所示。

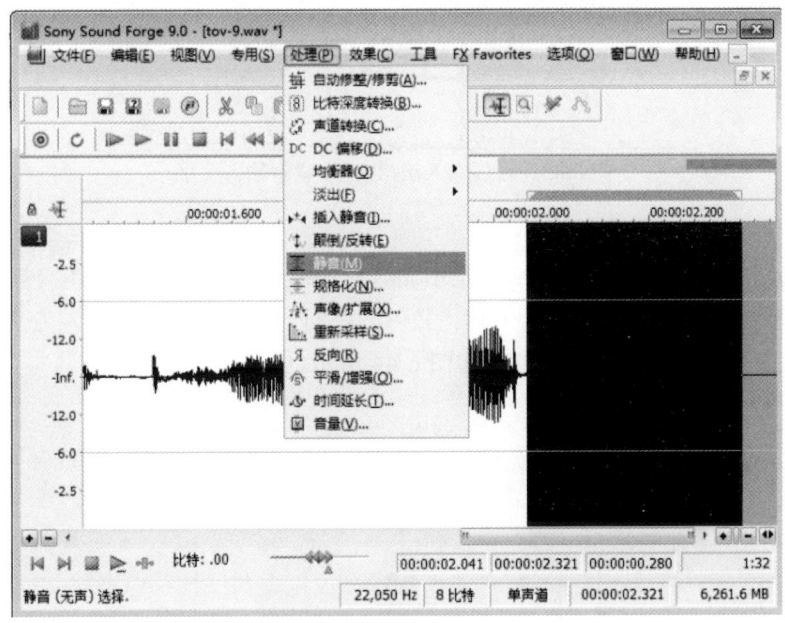

图 6-42　静音处理

经过这些处理,噪声已经基本上清除干净了,单击播放按钮可以听到处理后效果。

## 第三节　语音转文字

### 一、输入法——语音快速输入文字

1. 百度输入法

百度手机输入法是由百度(中国)有限公司推出的一款安装于手机和平板中的人工智能输入法工具,具有强大的数据挖掘和中文分词技术,兼容于 Windows、Mac、Android、IOS8 等平台,为用户提供海量词库、智能组词及流畅长句输入等功能,旨在帮助用户快速、精准地完成多内容输入。

百度手机输入法支持拼音、笔画、五笔、手写、智能英文等多种输入方式，在满足用户快捷、精准输入的同时，提供智能语音输入、多媒体输入两大全新输入方式。

在中文输入法状态，可以看到"空格键"按钮上的"麦克风"图标。长按此键并讲话，将自动识别为文字显示在输入框内，如图6-43所示。

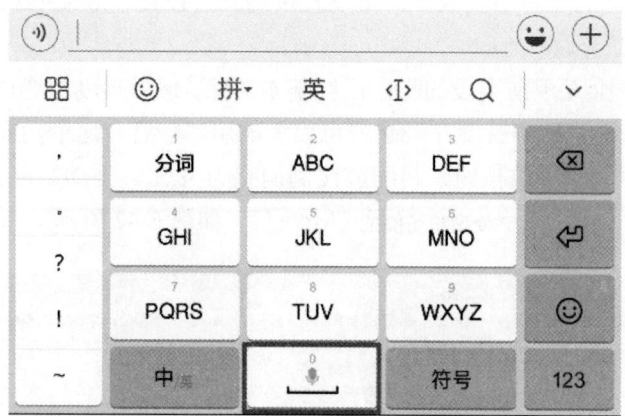

图6-43　百度输入法-麦克风-语音输入文字

2. 讯飞输入法

讯飞输入法（原讯飞语音输入法）是由科大讯飞推出的一款输入软件，集语音、手写、拼音、笔画、双拼等多种输入方式于一体，又可以在同一界面实现多种输入方式平滑切换，符合用户使用习惯，大大提升输入速度，如图6-44所示。

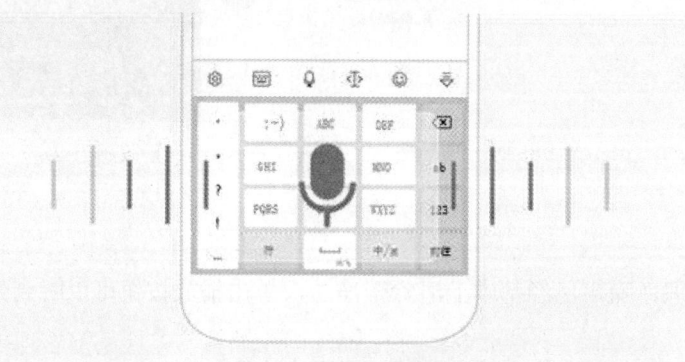

图6-44　讯飞输入法

讯飞输入法独家推出方言语音输入，支持客家语、四川话、河南话、东北话、天津话、湖南（长沙）话、山东（济南）话、湖北（武汉）话、安徽（合肥）话、江西（南昌）话、闽南语、陕西（西安）话、江苏（南京）话、山西（太原）话、上海话等方言识别，开启语音识别新时代！

全球首创"蜂巢"输入模型,独家支持拼音、手写、语音"云+端"立体输入引擎。讯飞输入法,创造极致输入体验!

支持平台:Android、iOS、Windows。

## 二、微信语音识别文字

微信窗口的语音对话,长按可以转文字,普通话效果最佳,识别后得到的文本可以复制粘贴,缺点是语音时长有限,不超过 60 秒;语音不能保存和转发,不利于分享,如图 6-45 所示。

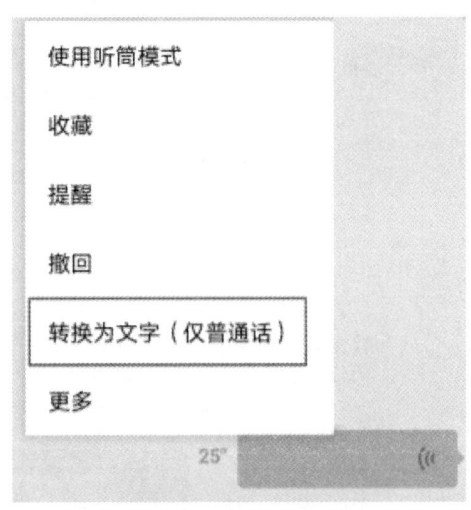

图 6-45　微信语音识别文字

## 三、讯飞语记(手机 APP)

讯飞语记是一款说话就能变文字输入的云笔记,是可以写文章、写日记、记者采访、会议记录、课堂笔记、记事的 APP,如图 6-46 和图 6-47 所示。

(1)说话变文字输入。支持普通话、英语、粤语输入,准确率高达 97%;VIP 可使用长时间语音输入,输入时间长达 2 小时。

(2)电脑同步编辑。支持 iOS、电脑 Web 同步编辑,方便笔记整理导出。

(3)轻松收藏。对你有用的文章、链接、图片均可收藏进讯飞语记,支持微信、新闻类、浏览器等几乎所有 APP。

(4)图文排版。精心设计的编排工具条,可以方便而优雅地完成一篇图文并茂的笔记。

(5)语音听书-有声小说可将阅读软件里的电子书朗读给你听,支持多看阅读、熊猫看书、当当读书、阅读星等。

(6)文字转语音-变声器可将文字变成声音朗读出来,有十多种音效,是节日祝福语音、店铺促销声音、听力学习资料制作神器。

图 6-46　讯飞语记功能图 1

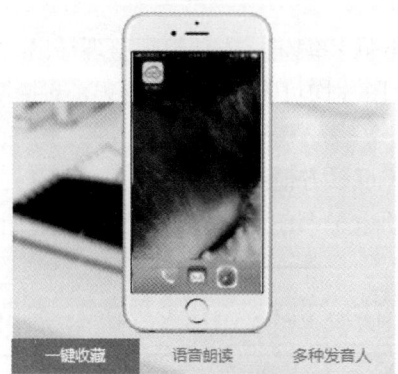

图 6-47　讯飞语记功能图 2

## 四、讯飞随身译（微信公众号）

随时随地，多国语音：中英、英中、中日、中韩——无障碍交流，如图 6-48 所示。

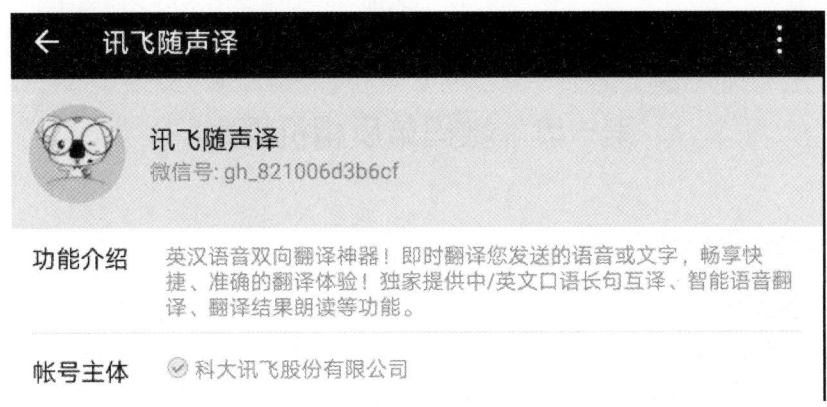

图 6-48　讯飞随身译

# 练习和作业

## 一、练习

1．熟练掌握 Sound Forge 软件录音、对声音进行剪辑的基本操作。
2．熟知数字声音不同格式的优缺点，并掌握其格式转换的方法。

## 二、作业

1．用麦克风录制一段对话，用音频处理软件去除噪声，并且添加合适的特效。

例如：大海奔腾着，咆哮着，露出雪亮亮的牙齿，凶恶地嘲笑着："小鸟儿，算了罢，你这工作就算干上一百万年，也休想把大海填平呢。"

精卫在高空答复大海："哪怕是干上一千万年、一万万年，干到宇宙的终尽、世界的末日，我也要把你填平！"

2．录制个人演唱专辑。
3．录制并制作个性化手机铃音。
4．将几个音频片段衔接合并后，刻录一张 CD 光盘。

# 第七章 视觉媒体——数字图像处理

## 第一节 数码单反相机摄影

### 一、数码相机尼康 D7100 的使用

#### （一）准备工作

在使用相机前，一要仔细阅读使用说明书，了解相机的结构、各部件的名称和功用，以及参数的设置方法；二要检查相机、电池电量、存储卡数据及其他附件等；三要开机试拍，查看效果，保证万无一失。

#### （二）快速拍摄基本步骤

（1）系上照相机背带。将背带牢牢系在照相机被带孔上，方法如图 7-1 所示。

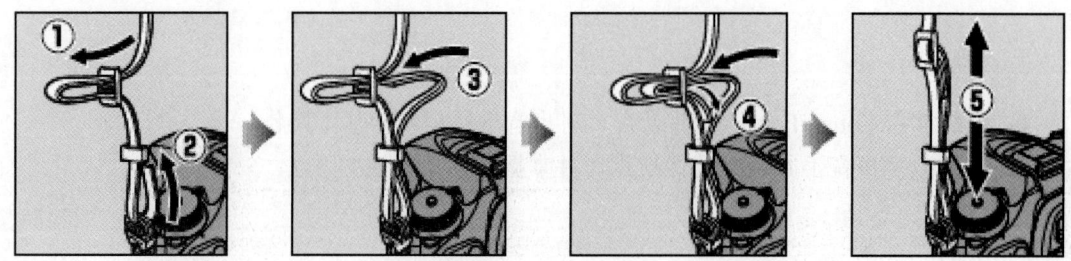

图 7-1 系上照相机背带

（2）为电池充电，然后在照相机中插入电池。具体方法如图 7-2 所示。

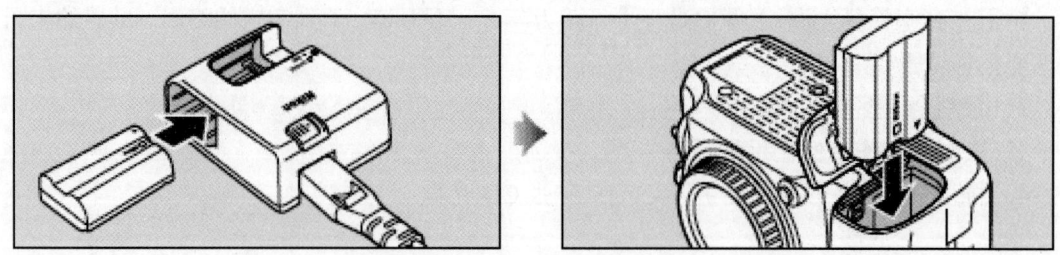

图 7-2 充电和安装电池的方法

（3）安装镜头。具体方法如图 7-3 所示。

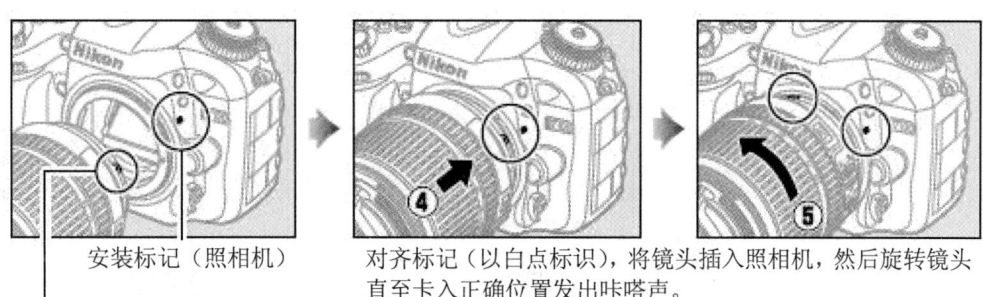

图 7-3　安装镜头

（4）插入存储卡。具体方法如图 7-4 所示。

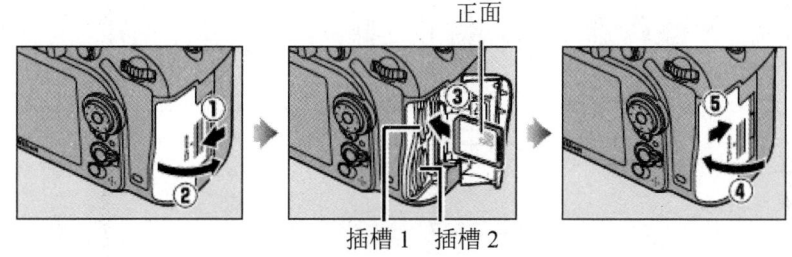

图 7-4　插入存储卡

（5）开启照相机。将开启按钮旋转到 ON 的状态，具体方法如图 7-5 所示。
（6）构图。具体方法如图 7-6 所示。

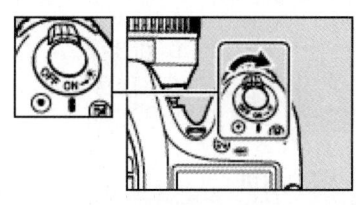

图 7-5　开启相机

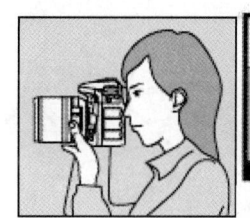

图 7-6　插入存储卡

（7）对焦并拍摄。具体方法如图 7-7 所示。
（8）查看照片。按下预览按钮，查看已拍摄的照片，具体方法如图 7-8 所示。

图 7-7　对焦并拍摄

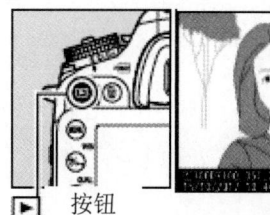

图 7-8　查看照片

## （三）尼康 D7100 相机的部件名称介绍

在使用相机前，一定要先了解相机的结构、各部件的名称和功用。尼康 D7100 数码相机各部件的名称如图 7-9、图 7-10、图 7-11、图 7-12 所示。

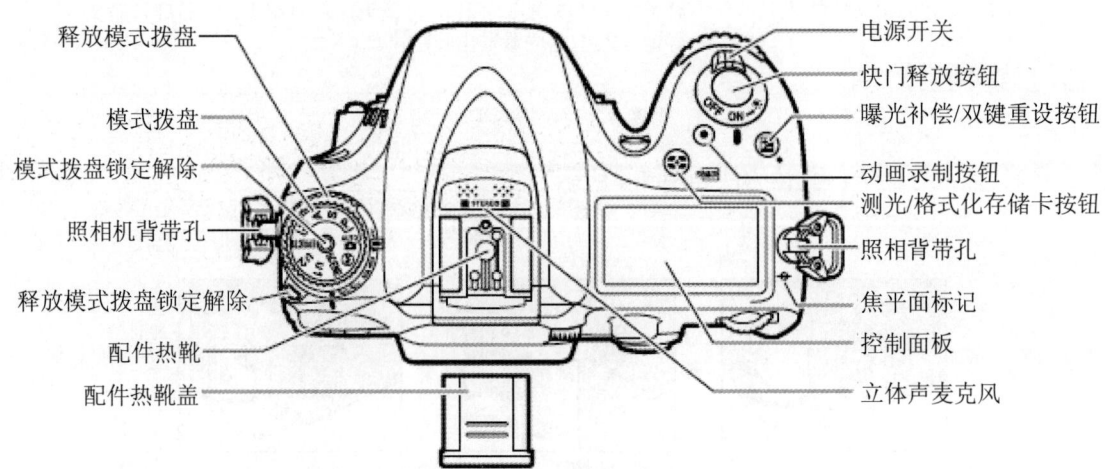

图 7-9　尼康 D7100 数码相机各部件的名称（1）

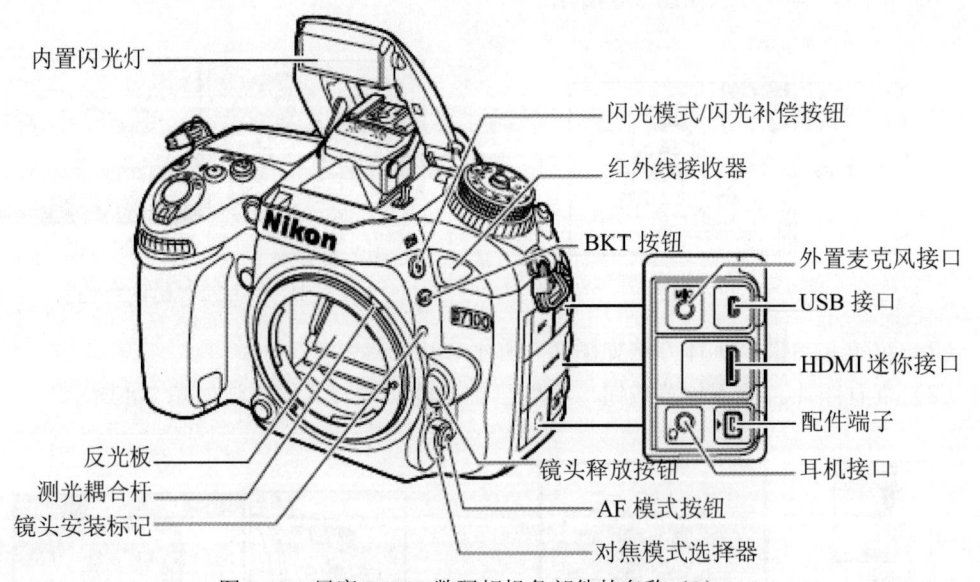

图 7-10　尼康 D7100 数码相机各部件的名称（2）

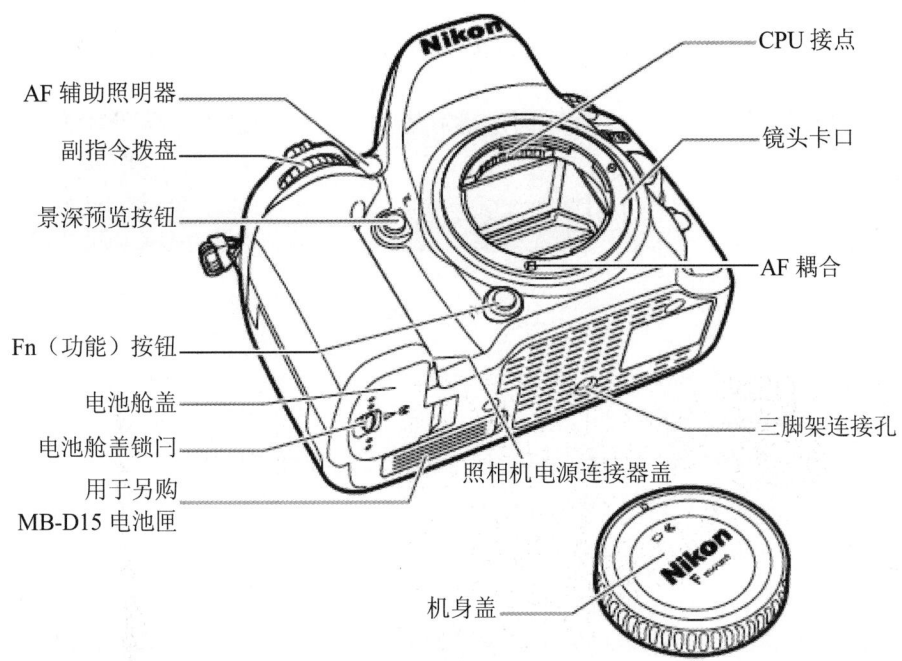

图 7-11　尼康 D7100 数码相机各部件的名称（3）

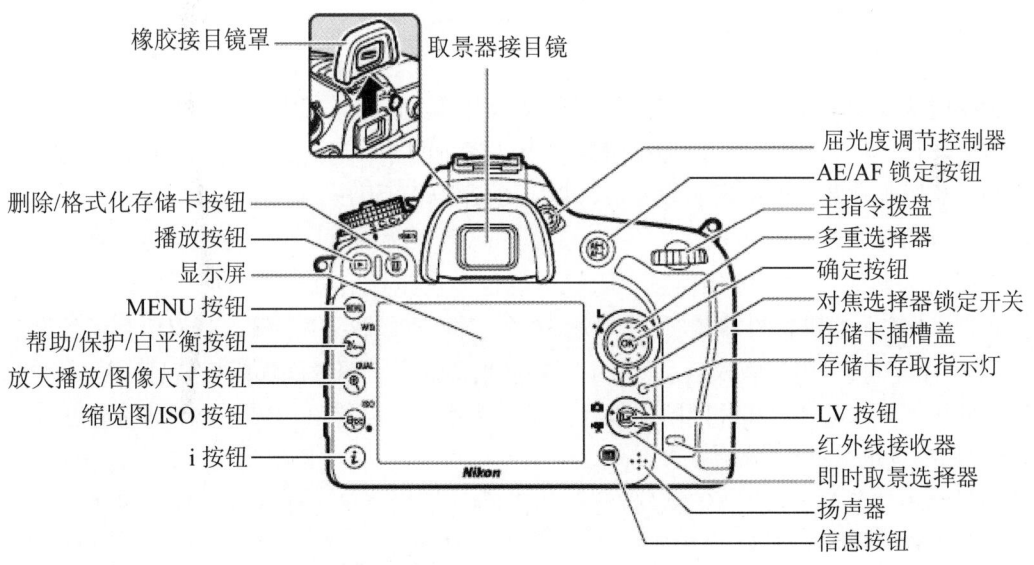

图 7-12　尼康 D7100 数码相机各部件的名称（4）

### （四）尼康 D7100 相机的参数设置

由于数码相机有多种参数操作过程设置，因此，每次拍摄之前必须检查相机的设置菜单，以确认分辨率、光圈、快门等参数是否设置正确。否则，拍出的照片可能达不到预期效果。下面详细介绍尼康 D7100 相机常用的参数设置。

1. 菜单设置

（1）设定菜单。

若要显示设定菜单，按下 MENU 按钮并选择 (设定菜单) 标签，如图 7-13 所示。

图 7-13　设定菜单

- 格式化存储卡

若要格式化，请选择一个存储卡插槽，然后选择"是"。

存储卡也可通过按下 🗑（▆）和 ⚙（▆）按钮 2 秒以上进行格式化。

**注意**：格式化会永久删除所选插槽中存储卡上的所有照片及其他数据。在格式化前，务必根据需要进行备份；在格式化过程中，不要关闭照相机或取出存储卡。

- 显示屏亮度

按下 ▲ 或 ▼ 可选择播放、菜单和信息显示时的显示屏亮度（选择较高值可提高亮度，选择较低值则可降低亮度）。

- 时区和日期

选择时区后，照相机将自动设为新时区的时间；根据需要设定照相机日期。

- 图像注释

在拍摄时为新照片添加注释，在照片信息显示中可以查看。其中，"输入注释"最长可达 36 个字符；选择"附加注释"为将来拍摄的所有照片添加注释。通过加亮显示该选项并按下 ▶，可开启和关闭附加注释。选择所需设定后，按下 OK 键即可退出。

- 版权信息

在拍摄时为新照片添加版权信息。版权信息包含在照片信息显示的拍摄数据中，其中，"拍摄者"用于输入拍摄者的姓名，最长可达 36 个字符；"版权"用于输入版权所有者的姓名，最长可达 54 个字符；"附加版权信息"用于为将来拍摄的所有照片添加版权信息。通过加亮显示该选项并按下 ▶，可开启和关闭附加版权信息。选择所需设定后，按下 OK 键即可退出。

（2）拍摄菜单。

若要显示拍摄菜单，按下 MENU 按钮并选择 (拍摄菜单) 标签，如图 7-14 所示。

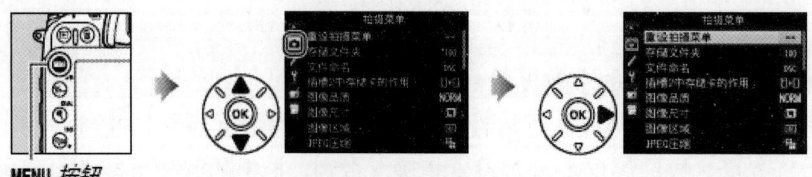

图 7-14　拍摄菜单

- 重设拍摄菜单

选择"是",可将拍摄菜单选项恢复至默认值。

- 存储文件夹

加亮显示"按编号选择文件夹",并按下▶。若已存在所选编号的文件夹,文件夹编号的左方将显示一个 ▭、▬ 或 ▬ 图标。按下▲或▼选择一个文件夹,按 OK 键并返回拍摄菜单。以后拍摄的照片将存储在所选的文件夹中。

注意:▭ 表示此文件夹为空文件夹;▬ 表示此文件夹还剩部分空间;▬ 表示此文件夹无法存储更多照片。

- 文件命名

保存照片时所使用的文件名称由 DSC_ 后接一个 4 位数编号和一个 3 位数字母扩展名组成(例如,DSC_0001.JPG),可重命名 DSC 3 个字母。

- 图像品质

用于选择文件格式和压缩比,见表 7-1。

表 7-1 文件格式和压缩比

| 选项 | 文件类型 | 说明 |
| --- | --- | --- |
| NEF(RAW) | NEF | 来自图像传感器的原始图像数据直接保存到存储卡上。拍摄后可调整白平衡和对比度等设定 |
| JPEG 精细 | JPEG | 以大约 1:4 的压缩比记录 JPEG 图像(精细品质) |
| JPEG 标准 | | 以大约 1:8 的压缩比记录 JPEG 图像(标准品质) |
| JPEG 基本 | | 以大约 1:16 的压缩比记录 JPEG 图像(基本品质) |
| NEF(RAW)+ JPEG 精细 | NEF/JPEG | 记录两张图像,一张 NEF(RAW)图像和一张精细品质 JPEG 图像 |
| NEF(RAW)+ JPEG 标准 | | 记录两张图像,一张 NEF(RAW)图像和一张标准品质 JPEG 图像 |
| NEF(RAW)+ JPEG 基本 | | 记录两张图像,一张 NEF(RAW)图像和一张基本品质 JPEG 图像 |

- 图像尺寸

用于更改拍摄照片的尺寸,图像尺寸以像素衡量。请从 ▢(大)、Ⓜ(中)、Ⓢ(小)中进行选择,见表 7-2。

表 7-2 图像尺寸

| 图像区域 | 选项 | 尺寸(像素) |
| --- | --- | --- |
| DX(24×16) | 大 | 6000×4000 |
| | 中 | 4496×3000 |
| | 小 | 2992×2000 |
| 1.3X(18×12) | 大 | 4800×3200 |
| | 中 | 3600×2400 |
| | 小 | 2400×1600 |

（3）播放菜单。

若要显示播放菜单，按下 MENU 按钮并选择▶（播放菜单）标签，如图 7-15 所示。

图 7-15　播放菜单

- 播放文件夹

用于选择要播放其内容的文件夹。

- 隐藏图像

隐藏或显示照片。隐藏的照片仅在隐藏图像菜单中可视，且仅可通过格式化存储卡进行删除。加亮显示"选择/设定"，并按下▶，使用多重选择器滚动选择存储卡中的照片，按下 OK 键完成操作。

- 播放显示选项

选择播放时照片信息显示中的可用信息。

- 复制图像

将照片从一张存储卡复制到另一张。该选项仅在照相机中插有两张存储卡时可用。"选择来源"：选择将从哪张存储卡复制照片；"选择图像"：选择将要复制的照片；"选择目标文件夹"：选择另一张存储卡上的目标文件夹；"是否复制图像？"：复制所选照片至指定目标位置。

- 图像查看

选择拍摄后是否立即自动在显示屏中显示照片。若选择了关闭，照片仅可在按下▶按钮时显示。

2．模式拨盘

若要选择一种模式，先按下模式拨盘锁定解除，如图 7-16 所示，并同时旋转模式拨盘即可。

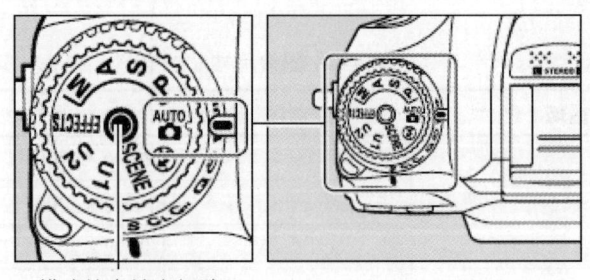

图 7-16　模式拨盘

模式拨盘中各模式的功能如图 7-17 所示。

※ **特殊效果模式**
在拍摄期间使用特殊效果。

※ **P、S、A 和 M 模式**
选择这些模式可完全控制照相机设定。
- P—程序自动
- S—快门优先自动
- A—光圈优先自动
- M—手动

※ **自动模式**
选择这些模式可进行简单的"即取即拍"型拍摄。
- 自动
- 自动闪光灯关闭

※ **场景模式**
照相机可根据所选场景自动优化设定。选择适合所拍场景的模式。

※ **U1 和 U2 模式**
存储及启用自定义拍摄设定。

※ **非 CPU 镜头**
非 CPU 镜头仅可用于模式 A 和 M。安装了非 CPU 镜头时选择其他模式将会使快门释放失效。

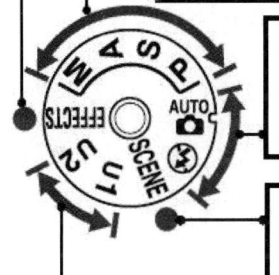

图 7-17　各模式的功能

3. 对焦及拍摄

对焦可自动或手动进行调整。

（1）自动对焦。

若要使用自动对焦，将对焦模式选择器旋转至 AF。半按快门时，照相机进行对焦，当拍摄对象清晰时，按下快门，完成拍摄。

（2）手动对焦。

使用不支持自动对焦镜头或自动对焦无法取得预期效果时，可使用手动对焦。将照相机对焦模式选择器旋转至 M，旋转镜头对焦环直至拍摄对象清晰，按下快门即可拍摄。

## 二、数码相机的维护

为了保持数码相机良好的工作状态，延长使用寿命，除了要注意防尘、防震、防高温、防潮等之外，还必须注意液晶显示屏、存储卡、电池的正确使用。

1. **数码照相机液晶显示屏的维护**

在使用、存放中，要注意不要让液晶显示屏表面受重物挤压，更要注意不要脱手将照相机掉到地上，以免摔坏液晶显示屏；液晶显示屏表面脏了，只能用干净的软布轻轻擦拭，一般不能用有机溶剂清洗。

2. 数码照相机镜头的维护

镜头上有少量灰尘并不会影响图像质量。清洗时，可以用软刷和吹气球清除尘埃。而指印对镜头的色料涂层非常有害，应尽快清除。在不使用时，最好盖上镜头盖，以减少清洗的次数。

清洗镜头时，先使用软刷和吹气球去除尘埃颗粒，然后再使用镜头清洗布。滴一小滴镜头清洗液在拭纸上（注意不要将清洗液直接滴在镜头上），并用专用棉纸轻轻擦拭镜头表面，然后用一块干净的棉纱布擦净镜头，直至镜头干爽为止。

注意：务必使用棉纸，而且在擦洗时，不要用力挤压，因为镜头表面覆有一层比较易受损的涂层。

3. 数码照相机存储卡的维护

（1）向数码照相机装载或从数码照相机内取出存储卡，要在关闭数码照相机的情况下进行。当存储卡正在工作时，不要试图从数码相机中取出存储卡。

（2）不对存储卡施以重压，不弯曲存储卡，避免存储卡掉落或受撞击。

（3）不将存储卡置于高湿度、高温和直射阳光下。

（4）要避开静电和磁场存放存储卡。

（5）避免触及存储卡的外露触点。

（6）将存储卡远离液体和腐蚀性的材料。

（7）存储卡上的信息要及时进行备份，以防数据丢失。

（8）用数码照相机对存储卡进行格式化或删除存储卡上的影像时，要保证数码照相机内的电池有充足的电量。

4. 数码照相机电池的维护

（1）不要经常充电，每次把电用完了再充。

（2）充满即可，若充满后继续充电会削弱电池性能。

（3）长时间不用时，电池要充满电并从相机里面取出单独存放，放到干燥和阴凉的地方。

## 第二节　扫描仪的使用

### 一、扫描仪的技术指标

1. 光学分辨率

光学分辨率也叫扫描精度。它是直接影响扫描影像清晰度的关键因素，也是判断扫描仪的重要指标，其单位为 dpi（每英寸点数）。dpi 的数值越大，扫描得到的影像文件所占空间就越大。光学分辨率直接影响到扫描仪的扫描效果和对原稿的可放大倍数。

2. 色彩位数

色彩位数是扫描仪对采样来的每一个像素点提供的不同通道的数字化位数的叠加值，是衡量一台扫描仪质量的重要技术指标，体现了彩色扫描仪所能产生的颜色范围，能够反映出扫描图像的色彩逼真度，色彩位数越多，图像表达越真实。一般扫描仪的色彩位数取决于扫描仪内部的模数转换器的精度。当色彩位数增加时,扫描设备可以捕捉的色彩细节也会增多。色彩位数一般采用 RGB 三通道的数值总和来表达,常见的有 24bit、32bit、36bit 等。

3. 灰度级

扫描仪的灰度级水平反映了扫描时提供由暗到亮层次范围的能力,具体来说就是扫描仪从纯黑到纯白之间平滑过渡的能力。灰度级位数越大,相对来说扫描结果的层次就越丰富、效果越好。

4. 最大扫描尺寸

最大扫描尺寸表示扫描仪可扫描的最大原稿尺寸。

5. 扫描速度

扫描速度是指每扫描一行所需的时间,单位是 ms/行或 ms/线,一般在每行或每线几毫秒到几十毫秒之间。

### 二、扫描仪的操作步骤

以扫描仪 EPSON V39 为例,如图 7-18 所示,操作步骤概括如下:

(1)通过 USB 连接线将扫描仪与电脑相连。

(2)连接扫描仪电源,打开扫描仪开关(有的型号没有开关)。

(3)打开扫描仪面板,正面朝向透明玻璃面板放入待扫描物,注意以下原则:原则一,大小一般不超过 A4 幅面;原则二,顶部边缘对准对齐标志,贴边放置,扫描后不需要倾斜矫正;原则三,可同时扫描多张照片,扫描后再裁切分别保存。

(4)在电脑桌面上双击 EPSON Scan 图标,运行扫描程序;设置扫描精度:一般黑白图像选择 120dpi,彩色图像选择 300dpi。

(5)先预扫描,确定扫描范围;再正式扫描,并保存图像。

图 7-18　扫描仪 EPSON V39

### 三、扫描仪使用注意事项

(1)扫描仪应避免放置在灰尘较多的环境之中。必须保持扫描仪玻璃的干净和不被划伤,因为它直接关系到扫描仪的扫描精度和识别率。

(2)切勿用有机溶剂来清洁扫描仪,以防损坏扫描仪的外壳及光学元件。

(3)避免扫描仪在振动的环境中工作。

（4）根据需要选择分辨率。使用扫描仪时，把扫描仪的分辨率设置得很高是希望能够提高识别率，但事实上，在扫描一般文稿时选择过高的分辨率反而可能降低识别率，这是因为过高的分辨率会更仔细地扫描印刷文字的细节，更容易识别出印刷文的瑕疵、缺陷，导致识别率下降。

（5）根据需要选择压缩比。在用扫描仪完成图像扫描任务后，常常需要选择合适的图像保存格式来保存文件，在选用一些格式时（如 JPEG 格式）总认为压缩比设置得越小越方便保存和传输，但是如果设置太小将会严重丢失图像信息。

## 第三节　OCR

OCR（Optical Character Recognition，光学字符识别）即识别图像 JPEG/PDF 为文本，如图 7-19 所示。OCR 是指电子设备（例如扫描仪或数码相机）检查纸上打印的字符，通过检测暗、亮的模式确定其形状，然后用字符识别方法将形状翻译成计算机文字的过程，即针对印刷体字符，采用光学的方式将纸质文档中的文字转换成为黑白点阵的图像文件，并通过识别软件将图像中的文字转换成文本格式，供文字处理软件进一步编辑加工的技术。

图 7-19　OCR 的功能

一个 OCR 系统性能好坏的主要指标有：拒识率、误识率、识别速度、用户界面的友好性、产品的稳定性、易用性及可行性等。下文将举例说明。

### 一、汉王 PDF OCR

汉王 PDF OCR 支持文字型 PDF 的直接转换和图像型 PDF 的 OCR 识别，既可以采用 OCR 的方式将 PDF 文件转换为可编辑文档，也可以采用格式转换的方式直接转换 PDF 文件为文本。

（1）下载并安装"汉王 PDF OCR"，桌面快捷方式图标如图 7-20 所示。

图 7-20　汉王 PDF OCR

（2）打开"汉王 PDF OCR"，选择"文件/打开图像"命令，如图 7-21 所示。

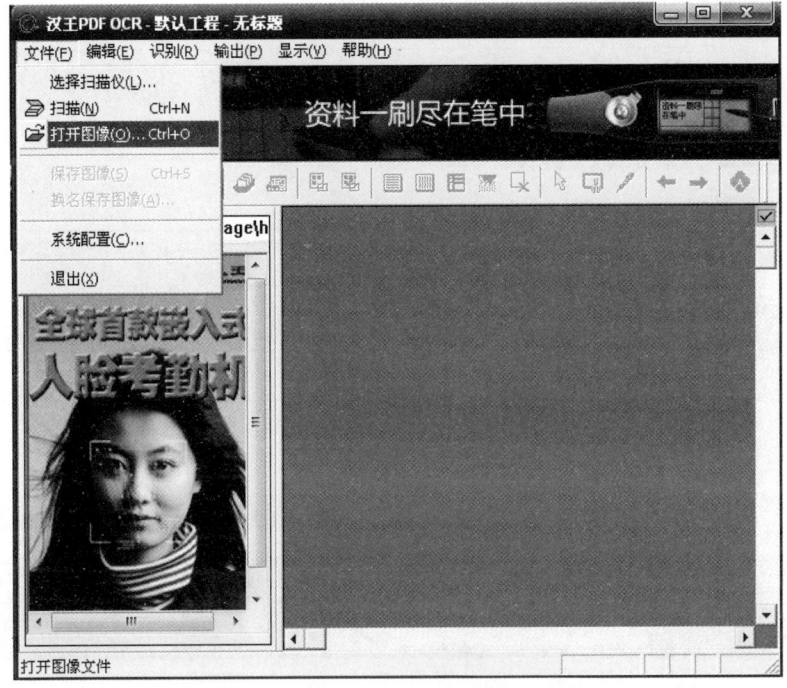

图 7-21　汉王 PDF OCR 的窗口界面

（3）开始识别，如图 7-22 所示。

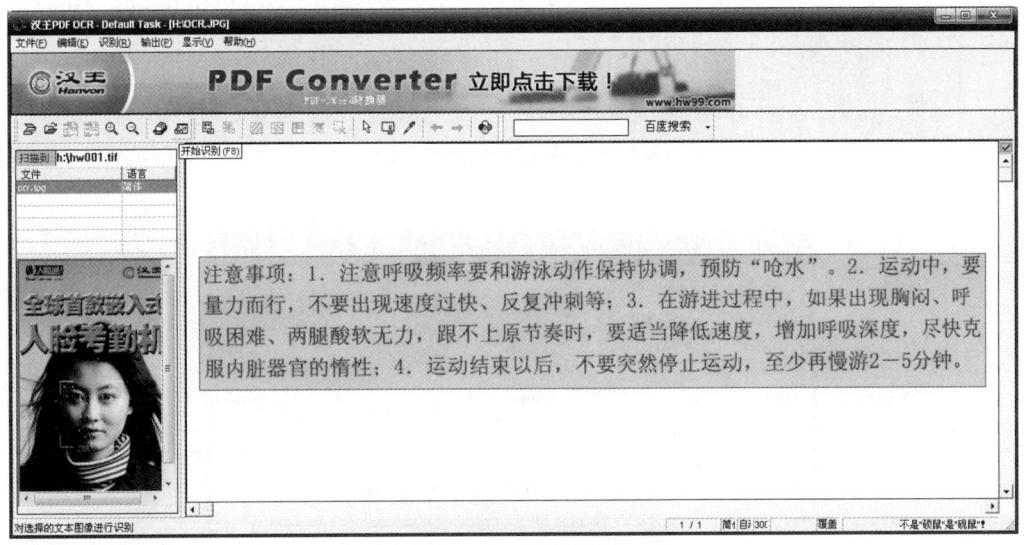

图 7-22　开始识别

（4）识别后右侧上下窗格可预览文字以和图像对照，如图 7-23 所示。
（5）选择"输出/到指定格式文件"命令，保存类型选择"文本文件[*.txt]"，如图 7-24 和图 7-25 所示。用记事本打开，效果图如图 7-26 所示。

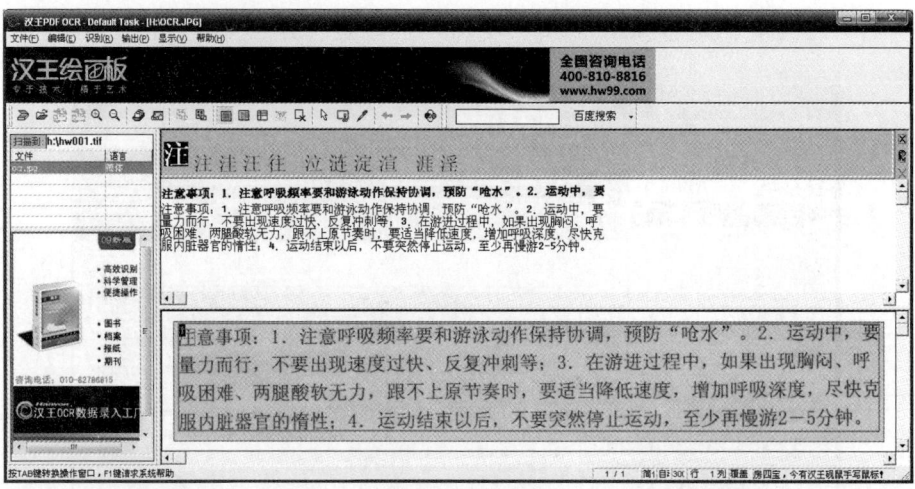

图 7-23　OCR 识别后的图文对比

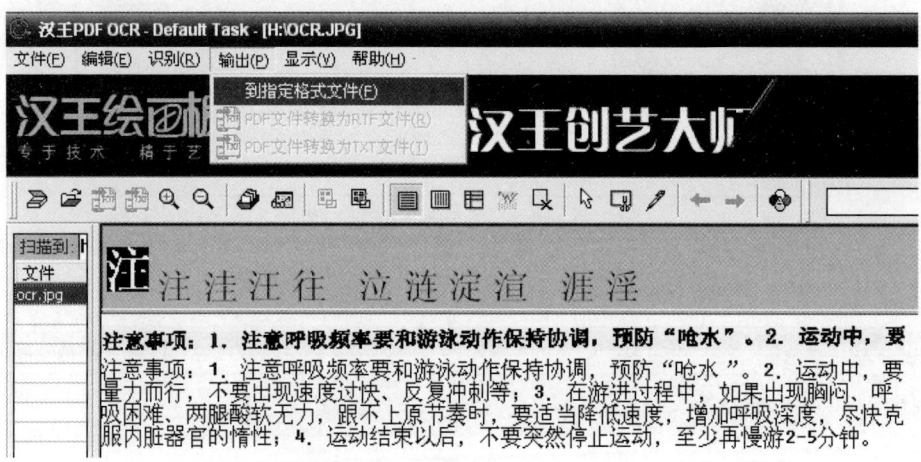

图 7-24　输出到指定格式文件

图 7-25　保存识别结果为 TXT 文件

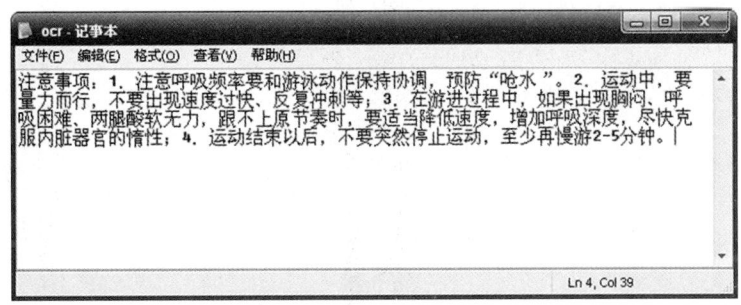

图 7-26　记事本打开 TXT 文件

## 二、网页版 OCR

1. 文字识别 OCR（腾讯云）

文字识别 OCR（腾讯云）如图 7-27 所示，网址 https://cloud.tencent.com/product/ocr?fromSource=gwzcw.743871.743871.743871。

图 7-27　文字识别 OCR（腾讯云）

2. 文字识别（百度云）

文字识别（百度云）如图 7-28 所示，网址 https://cloud.baidu.com/product/ocr.html?track=cp:nsem|pf:pc|pp:ocr|pu:ocr|ci:|kw:62659。

图 7-28　文字识别（百度云）

## 三、百度文库（工具-图片转文字）——手机 APP

百度文库（工具-图片转文字）如图 7-29 所示。

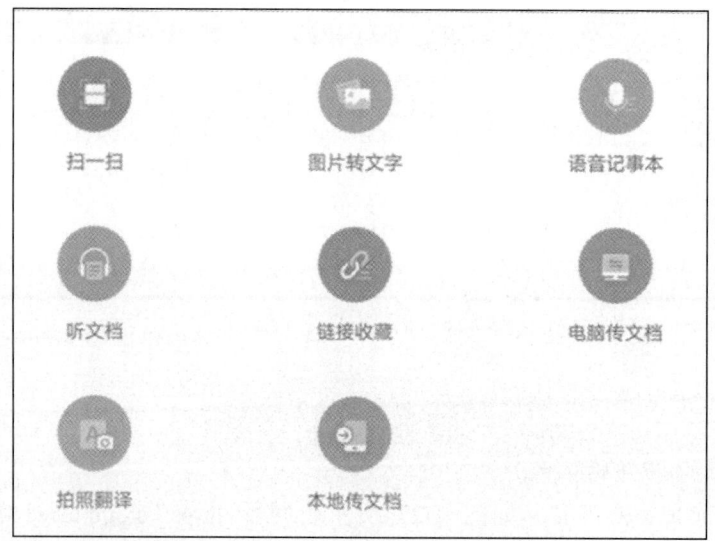

图 7-29　百度文库（工具-图片转文字）

### 四、手机输入法（文字扫描）

手机搜狗输入法和百度输入法均可实现 OCR，以手机百度输入法为例，如图 7-30 所示。

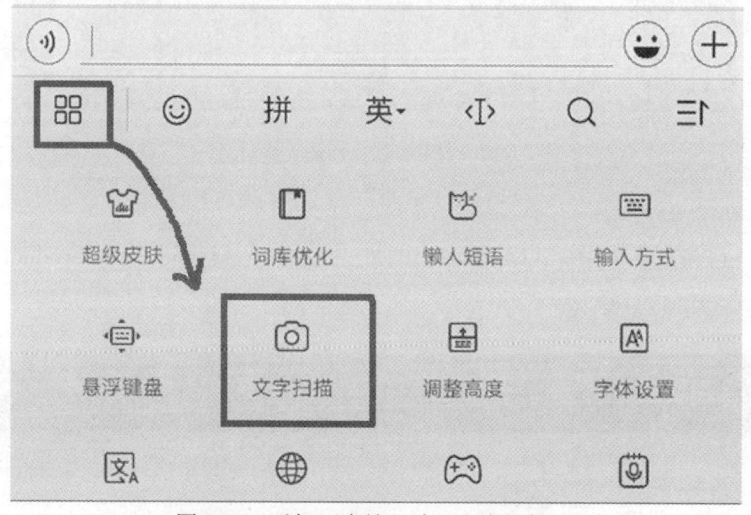

图 7-30　手机百度输入法（文字扫描）

## 第四节　Photoshop 图像编辑

Photoshop 是 Adobe 公司推出的一款功能十分强大、使用范围广泛的平面图像处理软件。下面对 Photoshop CC 2017 的使用方法进行详细介绍。

## 一、Photoshop CC 2017 的基本操作

### 1. Photoshop CC 2017 启动界面

Photoshop CC 2017 的启动界面如图 7-31 所示，单击左侧的"新建…"或"打开…"按钮可以新建或打开图像文件。

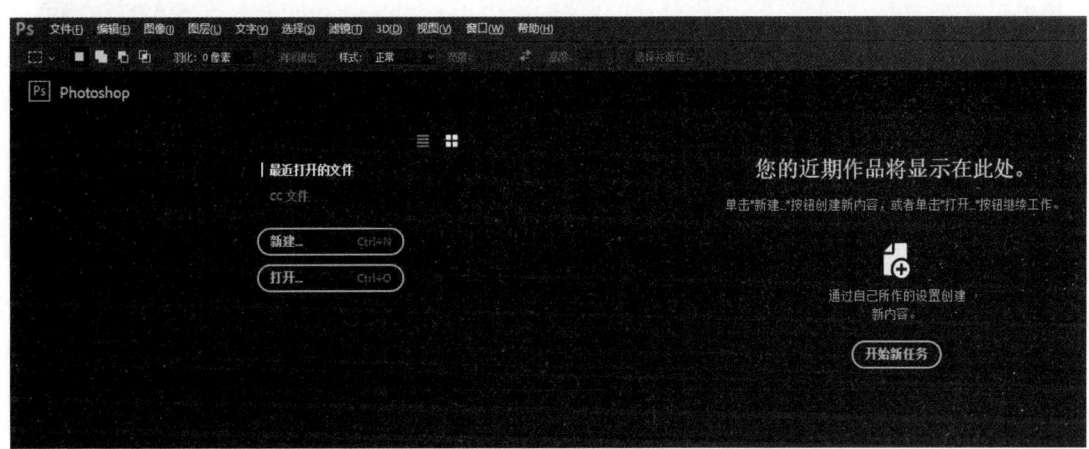

图 7-31　Photoshop 启动界面

### 2. Photoshop CC 2017 工作界面

Photoshop CC 2017 的工作界面主要由菜单栏、工具箱、工具属性栏、控制面板、图像窗口和状态栏等部分组成，如图 7-32 所示。

图 7-32　Photoshop CC 2017 工作界面

### 3. Photoshop 的文件操作

（1）新建图像。

1）选择"文件/新建"命令，或按 Ctrl+N 组合键，弹出"新建文档"对话框，如图 7-33 所示。

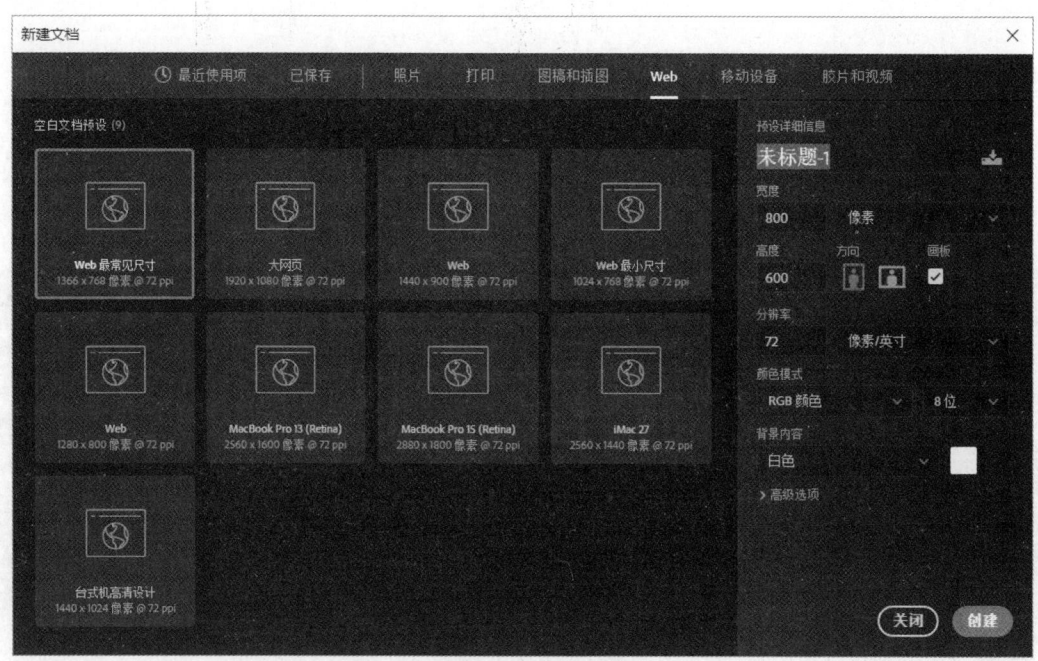

图 7-33 新建文档

2）在对话框右侧的"预设详细信息"栏下方输入文件名称，设置文件的宽度、高度、分辨率等信息。

3）单击"创建"按钮，即可得到自定义图像文件。

（2）打开图像。

1）选择"文件/打开"命令，或按 Ctrl+O 组合键，弹出"打开"对话框，如图 7-34 所示。

图 7-34 "打开"对话框

2）在对话框中选择所需文件，单击"打开"按钮，即可打开图像文件。

（3）保存图像。

1）选择"文件/存储"或"文件/存储为"命令，弹出"另存为"对话框，如图 7-35 所示。

图 7-35　"另存为"对话框

2）在对话框中选择文件的存储路径，设置"文件名"和"保存类型"。

3）单击"保存"按钮，即可保存图像文件。

4. 设置图像和画布大小

（1）设置图像大小。

1）选择"文件/打开"命令，在"第七章"文件夹中打开图片"标签.jpg"。

2）选择"图像/图像大小…"命令，或按 Ctrl+Alt+I 组合键，弹出"图像大小"对话框，在对话框右侧重新设置图像的大小，如图 7-36 所示。

3）单击"确定"按钮，完成操作。调整"图像大小"后，文件的大小会发生变化。

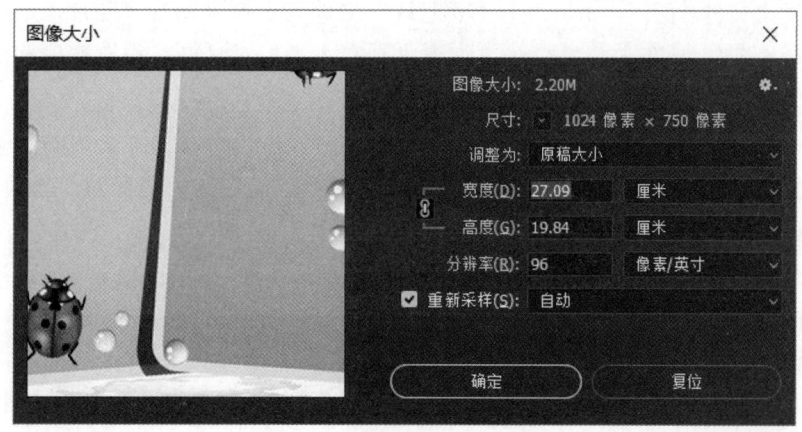

图 7-36　"图像大小"对话框

（2）设置画布大小。

1）选择"文件/打开"命令，在"第七章"文件夹中打开图片"标签.jpg"。

2）选择"图像/画布大小…"命令，或按 Ctrl+Alt+C 组合键，弹出"画布大小"对话框，如图 7-37 所示，在对话框中重新设置画布的大小。

如果输入的数值大于原文件，则单击"确定"按钮后，图像边缘将出现空白区域，空白区域的颜色用下面的"画布扩展颜色"填充。

如果输入的数值小于原文件，则将弹出提示框，如图 7-38 所示，提示将进行裁剪，单击"继续"按钮，即可剪切图像文件得到新的画布尺寸。

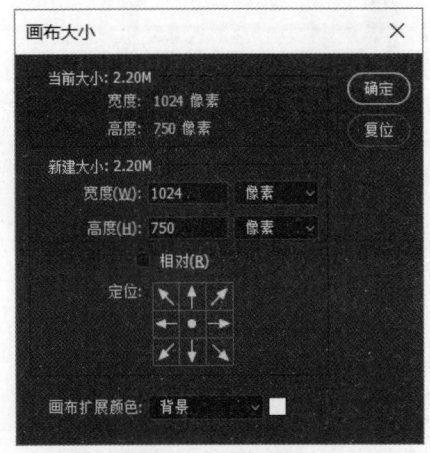
图 7-37　画布大小

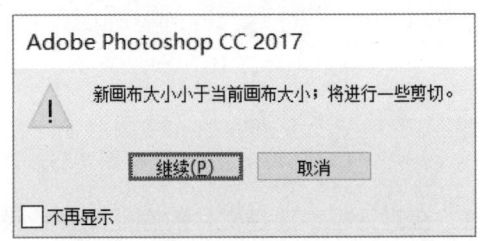
图 7-38　提示框

相对：选中此复选项，则"宽度""高度"文本框中的数值归"0"，输入正数可以扩大画布，输入负数可以缩小画布的尺寸。

定位：单击该选项下的控制块，可以确定新画布与原图像文件的相对位置关系。

二、Photoshop CC 2017 实例

1．制作儿童艺术照效果

（1）选择"文件/打开"命令，在"第七章"文件夹中打开图片"照片 1.jpg"。

（2）选择"图像/画布大小"命令，弹出"画布大小"对话框，设置宽度和高度都为 500 像素，单击"确定"按钮。

（3）选择"文件/打开"命令，在"第七章"文件夹中打开图片"艺术背景.jpg"。

（4）选中"照片 1.jpg"选项卡，按 Ctrl+A 和 Ctrl+C 组合键，切换到"艺术背景.jpg"选项卡，按 Ctrl+V 组合键，将"照片 1.jpg"复制粘贴到"艺术背景.jpg"图片中，并移动到合适位置，如图 7-39 所示。将新图层重命名为"照片 1"。

（5）在图层面板中选中"照片 1"图层，单击图层底部的"添加图层蒙版"按钮，效果如图 7-40 所示。选中"照片 1"图层上的蒙版。

（6）在工具箱中选择画笔工具，在属性栏上单击笔刷大小参数右边的三角形按钮，设置画笔的大小为 80 像素，硬度为 0%，如图 7-41 所示。

图 7-39　添加照片效果

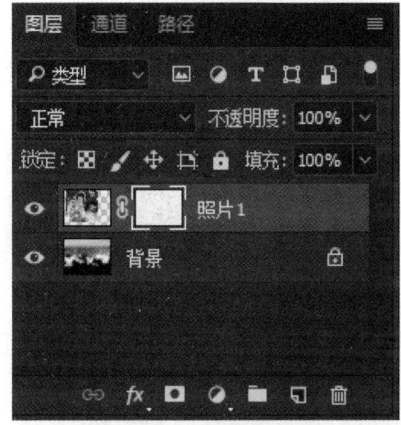

图 7-40　添加图层蒙版

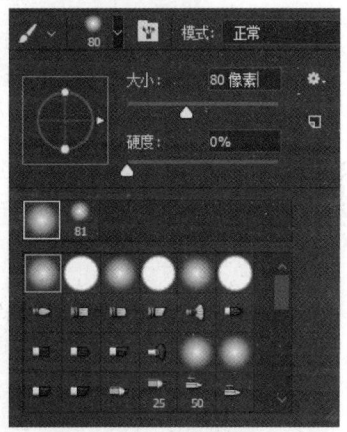

图 7-41　画笔参数设置

（7）设置前景色为黑色，使用画笔工具在儿童图像的周围进行涂抹，隐藏人物边缘的图像，如图 7-42 所示。

图 7-42　隐藏人物背景图像

（8）打开"第七章"文件夹中的图片"照片 2.jpg""照片 3.jpg"和"花纹.psd"。
（9）根据步骤（4），将"照片 2.jpg"中的图层复制到"艺术背景.jpg"图片中，并重命名为"照片 2"。

（10）按 Ctrl+T 组合键，再按 Shift 键，选择四个角上的任一个小方块，适当调整照片 2 的大小并移动到合适位置，效果如图 7-43 所示。

图 7-43  调整照片大小及位置

（11）执行"图层/图层样式/外发光…"命令，打开"图层样式"对话框，设置混合模式为正常，不透明度为 100%，颜色为白色，扩展为 100%，大小为 5 像素，如图 7-44 所示。

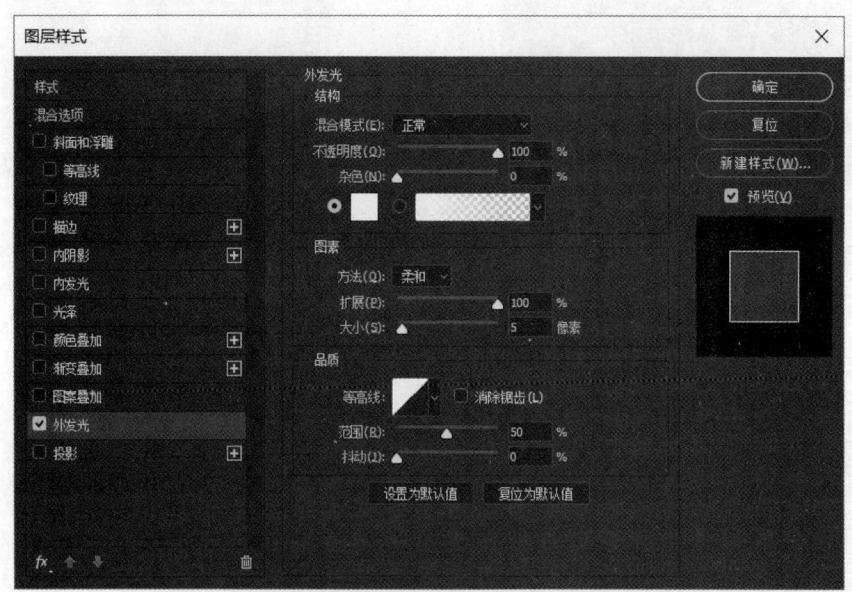

图 7-44  设置"外发光"图层样式

（12）在"图层样式"对话框的左侧选中"投影"，设置不透明度为 80%，扩展为 30%，大小为 40 像素，如图 7-45 所示。

（13）根据步骤（9）～（12），对"照片 3.jpg"进行设置，图层重命名为"照片 3"，效果如图 7-46 所示。

（14）将"花纹.psd"图片中的图层复制到"艺术背景.jpg"图像中，并移动到合适位置，图层重命名为"花纹"，效果如图 7-47 所示。

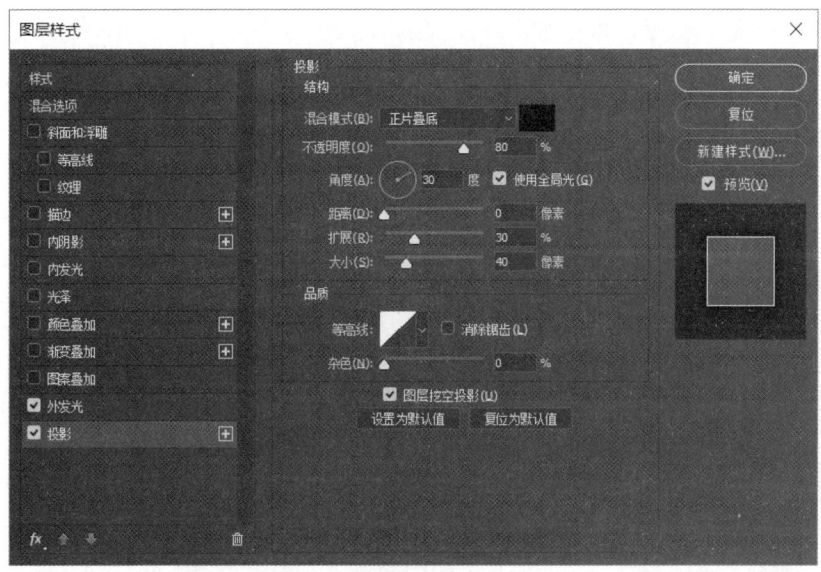

图 7-45 设置"投影"图层样式

图 7-46 添加图层样式的效果

图 7-47 添加花纹图层

（15）在工具箱中选择直排文字工具，在画面中输入文字"快乐童年"，单击属性栏中的"切换字符和段落面板"按钮，在弹出的字符选项卡中设置字体为楷体，大小为 36 点，字符间距为 100，颜色为白色，如图 7-48 所示。将文字移动到合适的位置。

（16）单击图层面板底部的"新建图层"按钮，新建一个图层，重命名为"遮罩"。

（17）在工具箱中选择矩形选框工具，在画面上方绘制一个矩形选区，如图 7-49 所示。

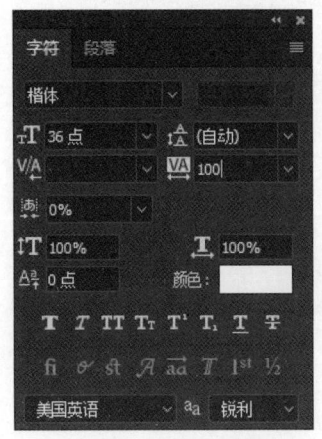

图 7-48　字符参数设置　　　　　　　图 7-49　绘制选区

（18）将前景色设置为黑色，按 Alt+Delete 组合键填充选区。

（19）按 Shift 和键盘上的向下移动键，将选区移动到画面下方，填充黑色。最终效果如图 7-50 所示，图层面板如图 7-51 所示。

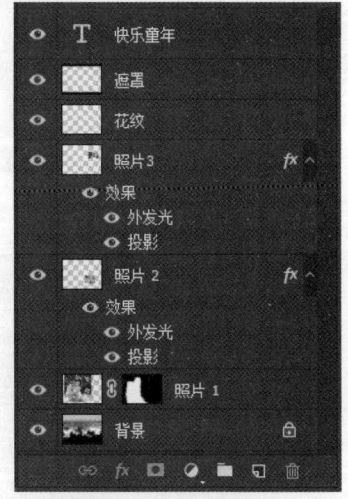

图 7-50　最终效果图　　　　　　　图 7-51　最终图层面板

（20）执行"文件/存储为…"命令，在"另存为"对话框中，选择保存路径，输入文件名，保存类型为 PSD。单击"保存"按钮即可。

2．利用"动作"创建动画效果

（1）选择"文件/打开"命令，在"第七章"文件夹中打开图片"下雨动画素材.jpg"。

（2）按 D 键，使工具箱中的前景色和背景色变成默认的黑色和白色。
（3）选择"窗口/动作"命令，调出动作面板，如图 7-52 所示。

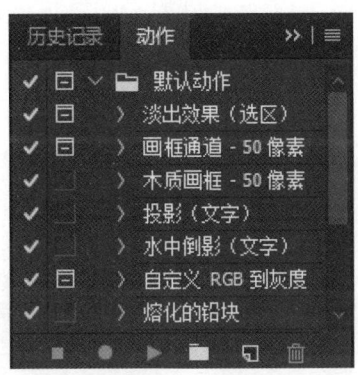

图 7-52　动作面板

（4）单击动作面板中"创建新组"按钮，在弹出的"新建组"对话框中输入名称"雨"，单击"确定"按钮，如图 7-53 所示。

（5）单击动作面板中"创建新动作"按钮，在弹出的"新建动作"对话框中输入名称"下雨"，如图 7-54 所示。单击"记录"按钮，动作面板下方的"开始记录"按钮呈红色，开始记录后面的操作步骤。

图 7-53　新建组

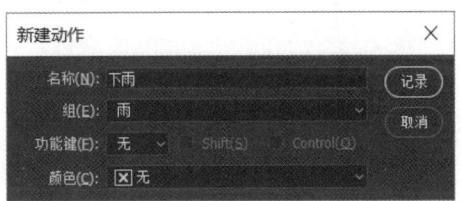

图 7-54　新建动作

（6）在如图 7-55 所示的图层面板中，将"背景"图层拖到下方的"创建新图层"按钮上，生成"背景 拷贝"图层，如图 7-56 所示。

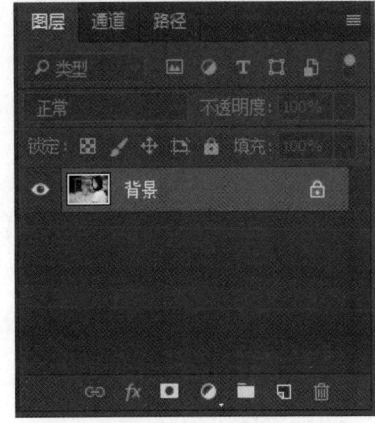

图 7-55　图层面板

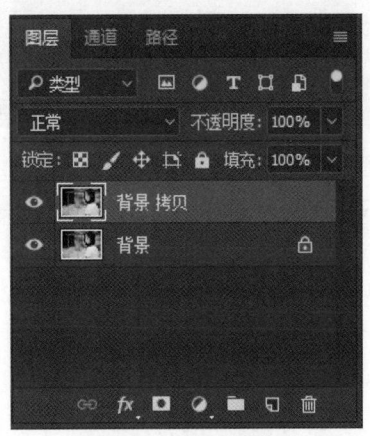

图 7-56　复制背景层

（7）执行"滤镜/像素化/点状化…"命令，弹出"点状化"对话框，在"单元格大小"文本框中设置参数为3，如图7-57所示。单击"确定"按钮。

（8）执行"图像/调整/阈值…"命令，弹出"阈值"对话框，在"阈值色阶"文本框中设置参数为255，如图7-58所示。单击"确定"按钮。

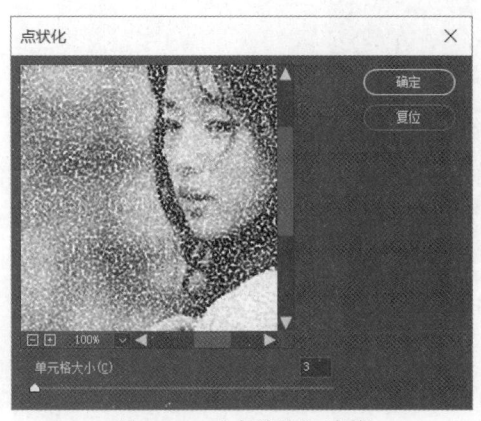 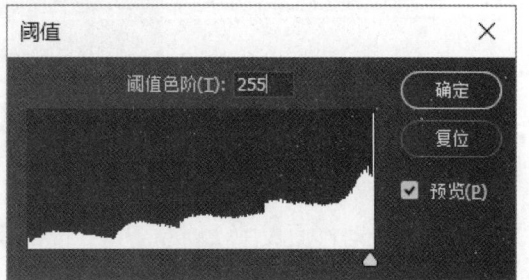

图7-57 "点状化"滤镜　　　　　　　图7-58 "阈值"对话框

（9）在图层面板中将"背景 拷贝"图层的图层混合模式改为"滤色"，如图7-59所示。

（10）执行"滤镜/模糊/动感模糊…"命令，弹出"动感模糊"对话框，在"角度"文本框中设置参数为75，在"距离"文本框中设置参数为22，如图7-60所示。单击"确定"按钮。

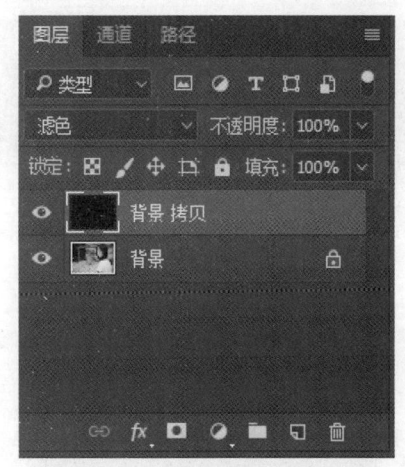 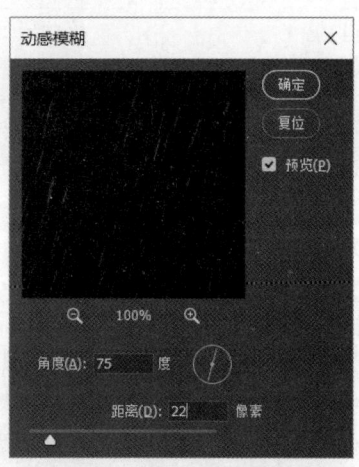

图7-59 调整图层混合模式　　　　　图7-60 动感模糊参数调整

（11）执行"滤镜/锐化/锐化"命令，生成雨滴清晰效果。

（12）在动作面板中单击"停止播放/记录"按钮。动作面板中的"下雨"动作记录如图7-61所示。

（13）在图层面板中选择"背景"图层，在动作面板中选中"下雨"动作，并单击动作面板中的"播放选定动作"按钮。

（14）重复步骤（13）两次，生成的图层面板效果如图7-62所示。

第七章 视觉媒体——数字图像处理 133

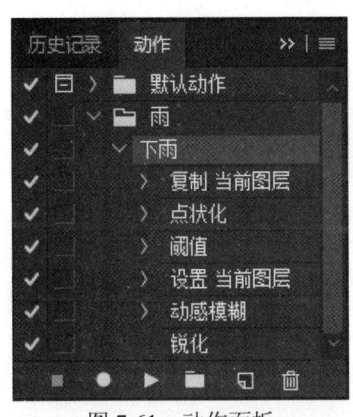

图 7-61 动作面板

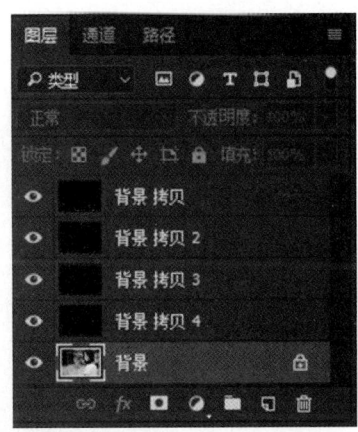

图 7-62 图层面板

（15）双击"背景 拷贝"图层的文字区域，重命名为"雨点 1"。

（16）按步骤（15）的方法，依次将"背景 拷贝 2""背景 拷贝 3""背景 拷贝 4"重命名为"雨点 2""雨点 3""雨点 4"，如图 7-63 所示。

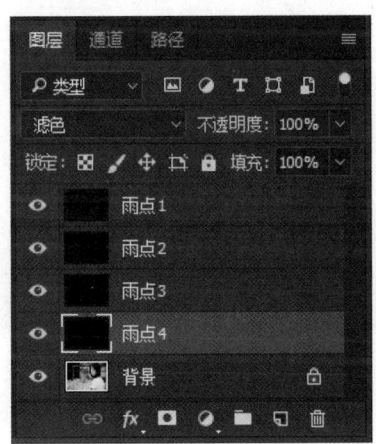

图 7-63 图层重命名

（17）执行"窗口/时间轴"命令，在窗口下方出现时间轴面板，单击■按钮，选中"创建帧动画"命令，如图 7-64 所示，并单击"创建帧动画"按钮。

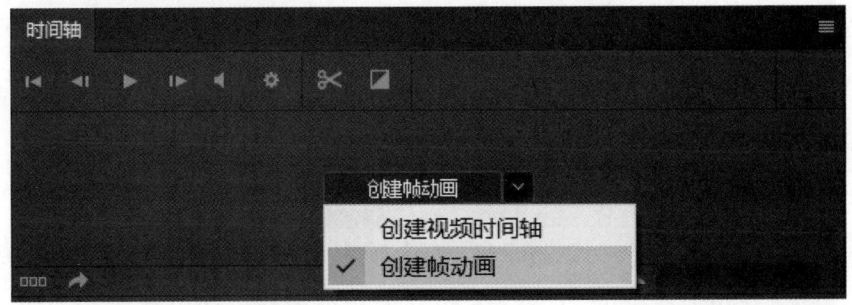

图 7-64 时间轴面板

（18）单击时间轴面板下方的"复制所选帧"按钮⬜三次，如图 7-65 所示。

图 7-65　复制所选帧

（19）在时间轴面板上选中第一帧画面，单击图层面板中的"雨点 2""雨点 3""雨点 4"图层前的眼睛图标，隐藏这三个图层，如图 7-66 所示。

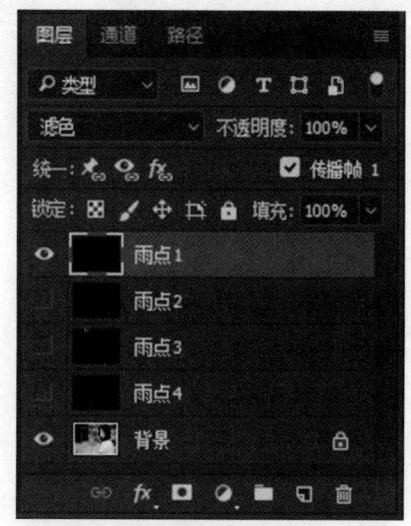

图 7-66　图层面板

（20）同理，选中第二帧画面，显示"雨点 2"图层，隐藏"雨点 1""雨点 3""雨点 4"图层；选中第三帧画面，显示"雨点 3"图层，隐藏"雨点 1""雨点 2""雨点 4"图层；选中第四帧画面，显示"雨点 4"图层，隐藏"雨点 1""雨点 2""雨点 3"图层。

（21）单击时间轴面板中每帧画面下的三角箭头，选择 0.2 秒，循环次数选择"永远"。单击"播放"按钮即可查看效果，如图 7-67 所示。

图 7-67　设置动画参数

（22）存储为 GIF 动画格式。执行"文件/导出/存储为 Web 所用格式…"命令，在弹出的对话框中选择 GIF，单击"存储…"按钮，如图 7-68 所示。选择存储路径，保存即可。

图 7-68　存储面板

# 练习和作业

**一、练习**

1. 熟知数码单反相机主要部件对摄影效果的影响，包括焦距、光圈、快门、感光度、拍摄距离等。

2. 练习掌握数码单反相机的设置和使用。

P、S、A 和 M 模式：

- P—程序自动。
- S—快门优先自动。
- A—光圈优先自动。
- M—手动。

3. 掌握扫描仪的设置和使用：知晓如何选择黑白图像和彩色图像的分辨率。

4. 掌握 OCR。

5. 掌握 Photoshop 图像处理。

## 二、作业

1. 使用数码单反相机拍摄人像和其他景物。
2. 扫描旧照片或获奖证书为数字图像。
3. 拍摄网页上的通知或讲座 PPT 的某页幻灯片,将其迅速识别为文本,编辑后转发到班级群。
4. 使用 Photoshop 编辑美化照片。
5. (选做)尝试用手机拍摄全景照,如果有人物,可于不同位置采取不同姿势。

# 第八章　视听觉媒体——数字视频的非线性编辑

## 第一节　Premiere 视频编辑

### 一、视频编辑的基本概念

在视频处理领域，根据所编辑对象具有的特点及最终完成影视作品的内容属性，经常会用到一些基本的概念和术语。

1. 帧和帧速率

电视、电影以及网络流行的 Flash 动画其实都是由一系列连续的静态图像组成的，在单位时间内，这些静态图像就称为帧。由于人眼对运动物体具有视觉残像的生理特点，所以，当某段时间内一组内容连续变化的静态图像依次快速显示时，就会被"感觉"是一段连贯的动画了。

电视或显示器上每秒钟扫描的帧数是帧速率（也称作"帧频"，单位：帧/秒）。帧速率的数值决定了播放的流畅程度。帧速率越高，动画效果越流畅，反之就会有阻塞、延迟的现象。在视频编辑中也常常利用这个特点，通过改变一段视频的帧速率来实现快动作与慢动作的表现效果。

2. 电视制式

由于世界上各个国家对电视影像制定的标准不同，其制式也有一定的区别。制式的区别主要表现在帧速率、分辨率、信号带宽等方面。现行的电视制式有以下三种。

（1）NTSC（National Television System Committee）

NTSC 制式主要在美国、加拿大等大部分西半球国家以及日本、韩国等地被采用。帧速率为 30 帧/秒。

（2）PAL（Phase Alternation Line）

PAL 制式主要在英国、中国、澳大利亚、新西兰等地被采用。帧速率为 25 帧/秒。

（3）SECAM（Sequential Couleur Avec Memoire）

SECAM 即顺序传送彩色信号与存储恢复彩色信号制式，主要在法国、东欧、中东等地被采用。帧速率为 25 帧/秒。

### 二、视频编辑的基本流程

1. 制定脚本

脚本就是通常所说的影片的剧本，剧本的策划是制作一部优秀的视频作品的首要工作。在编写脚本时，首先要拟定一个比较详细的提纲，然后根据提纲做好尽量详细的细节描述，作为编辑过程的参考指导。

2. 收集素材

在视频编辑中可以使用的素材有图片、字幕、声音文件和视频文件等，数码摄像机拍摄的视频素材可以通过数据线传输到计算机中。根据脚本内容将素材收集齐全后，保存到计算机中指定的文件夹中以便管理，然后便可以开始视频编辑工作了。

3. 建立项目

Premiere 数字视频作品在此称为项目而不是视频产品，其原因是使用 Premiere 不仅能创建作品，还可以管理作品资源，以及创建和存储字幕、切换效果和特效。打开 Premiere 的"项目"面板之后，就可以导入各种素材，以组成自己的数字视频作品。

4. 创建序列

序列是指作品的视频、音频、特效和切换效果等各组成部分的集合。在序列中对素材进行编辑，是视频编辑的重要环节。建立好项目并导入素材后，通过执行"文件/新建/序列…"命令创建序列，随后即可在序列中组接素材，并对素材进行编辑。

5. 应用效果

在编辑视频节目的过程中，使用视频过渡效果能使素材间的连接更加和谐、自然；对素材使用视频效果可以使一个影视片段的视觉效果更加丰富多彩。对素材使用效果后，可以在效果控制面板中进行编辑。

6. 编辑音频

将音频素材导入到时间轴面板中后，使用效果面板中的音频效果和音频过渡可以编辑音频素材的效果。

7. 生成影片

生成影片是将编辑好的项目文件以视频的格式输出，在输出影片时根据需要选择一种压缩格式。在输出影片之前，应先保存项目，并对影片的效果进行预览。

### 三、Premiere Pro CC 2017 的工作界面

在视频编辑软件中，Adobe Premiere 是一款优秀的非线性视频编辑处理软件，具有强大的视频和音频内容实时编辑合成功能。下面对 Premiere Pro CC 2017 进行详细介绍。

1. 启动 Premiere Pro CC 2017

单击桌面上的 Premiere Pro CC 2017 快捷方式图标或在"开始"菜单中找到并单击 Adobe Premiere Pro CC 2017 命令，启动 Premiere Pro CC 2017。启动界面如图 8-1 所示。

- 新建项目：按下此按钮，可以创建一个新的项目文件并进行视频编辑。
- 打开项目：按下此按钮，可以开启一个在计算机中已有的项目文件。
- 新建团队项目：按下此按钮，可以创建一个新的团队项目文件并进行视频编辑。
- 打开团队项目：按下此按钮，可以开启一个在计算机中已有的团队项目文件。

启动界面右侧以名称列表的形式显示用户最近使用过的项目文件，单击即可打开相应的项目文件。

第八章　视听觉媒体——数字视频的非线性编辑　139

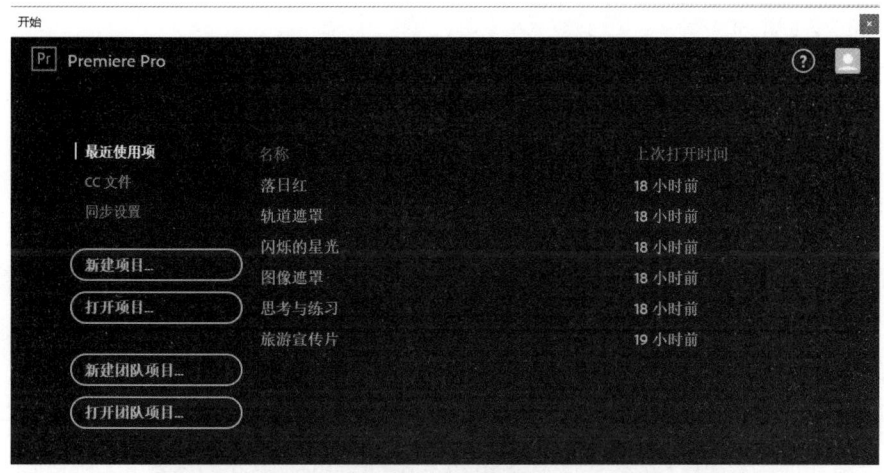

图 8-1　启动界面

当用户要开始一项新的编辑工作时，需要先单击"新建项目"按钮，建立一个新的项目。此时，会打开如图 8-2 所示的"新建项目"对话框。在"新建项目"对话框中可以设置项目的名称、项目存放的位置、视频的显示格式、音频的显示格式等。

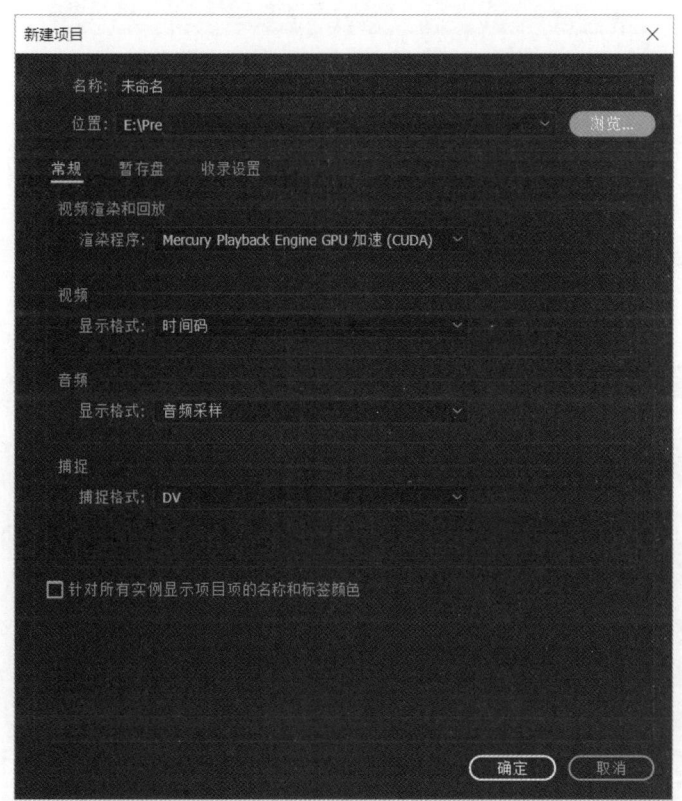

图 8-2　"新建项目"对话框

在"新建项目"对话框中选择"暂存盘"选项卡，可以设置在编辑视频过程中产生的临时文件的位置，如图 8-3 所示。单击"确定"按钮，即可进入 Premiere Pro CC 2017 的工作界面。

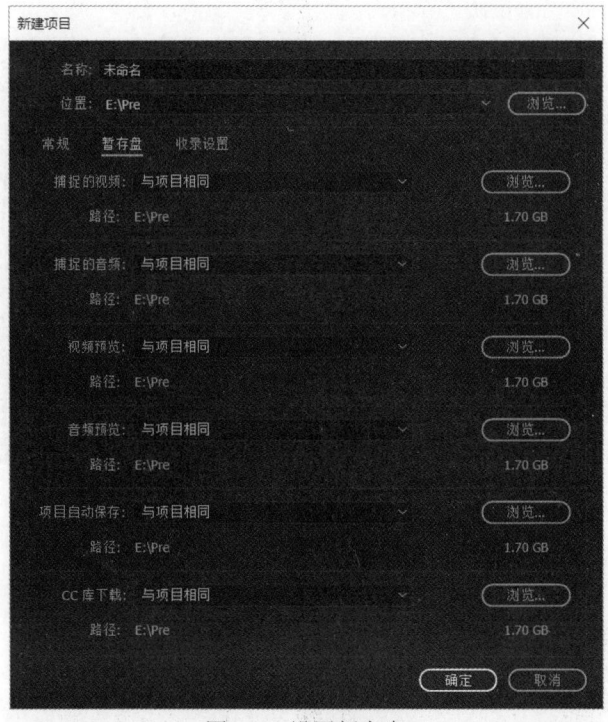

图 8-3　设置暂存盘

2. Premiere Pro CC 2017 的工作界面及基本操作

Premiere Pro CC 2017 的工作界面主要由菜单栏和各部分面板组成，常用的面板包括源监视器面板、节目监视器面板、项目面板、工具面板、时间轴面板等，如图 8-4 所示，后面还将介绍效果控件面板、效果面板、音轨混合器面板、信息面板等。所有的面板都可以通过"窗口"菜单中的命令调出，下面介绍几种常用面板的主要功能。

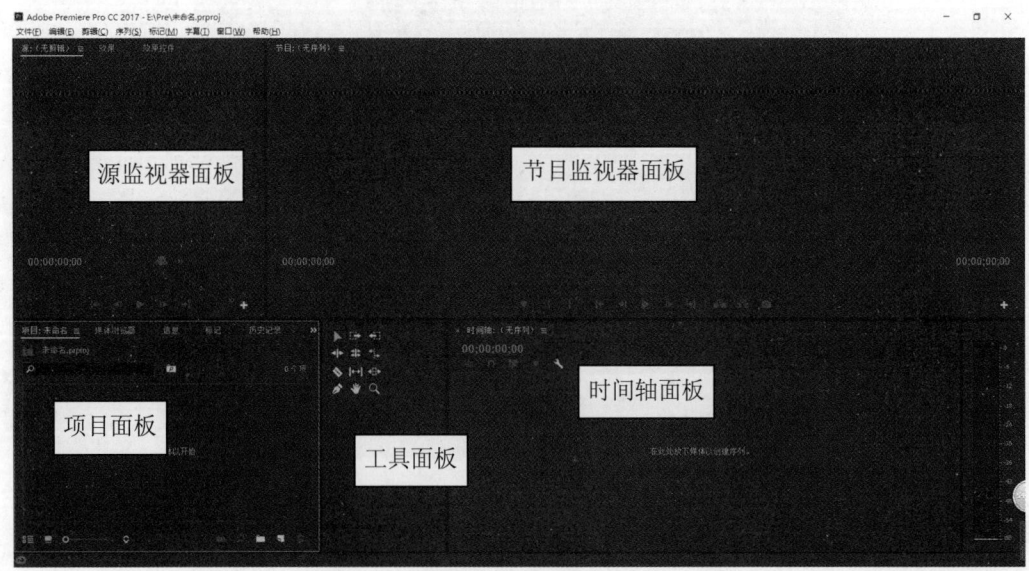

图 8-4　Premiere Pro CC 2017 的工作界面

(1) 项目面板。

选择"文件/导入…"命令，或在项目面板的空白处双击，或按 Ctrl+I 组合键，在弹出的"导入"对话框中选择需要的素材，单击"打开"按钮，即可将选中的素材导入到项目窗口中。

单击项目窗口中项目名称右侧的按钮■，在弹出的下拉菜单中选中"预览区域"，在项目窗口上方的预览区单击▶按钮，可预览素材，如图 8-5 所示。

图 8-5　项目窗口

(2) 时间轴面板。

时间轴面板是视频制作的基础，创建系列后，在时间轴面板中可以组合图片、视频、音频、字幕等素材，并可在素材上添加各种特效，构建自己的作品。

选择"文件/新建/序列…"命令，或按 Ctrl+N 组合键，弹出"新建序列"对话框，在"可用预设"列表中选择合适的选项，在下方的"系列名称"文本框中输入系列名，如图 8-6 所示。单击"确定"按钮，则新建的序列呈现在时间轴面板中，如图 8-7 所示。

时间标尺：时间标尺是时间间隔的可视化显示，它将时间间隔转换为每秒包含的帧数，对应于项目的帧速率，标尺上出现的数字之间的实际刻度数取决于当前的缩放级别，用户可以拖动查看区滚动条或缩放滑块进行调整。

当前时间码：在时间轴上移动当前时间指示器时，在当前时间码显示框中会指示当前帧所在的时间位置。可以单击时间码显示并输入一个时间，以快速跳到指定的帧处。

当前时间指示器：当前时间指示器是标尺上的蓝色三角图标。可以单击并拖动当前时间指示器在影片上缓缓移动，也可以单击标尺区域中的某个位置，将当前时间指示器移动到特定帧处。

查看区滚动条：单击并拖动查看区滚动条可以更改时间轴中的查看位置。

缩放滑块：单击并拖动查看区滚动条两边的缩放滑块可以更改时间轴中素材的缩放级别。

工作区：时间轴标尺的下面是 Premiere 的工作区，用于指定将要导出或渲染的区域。

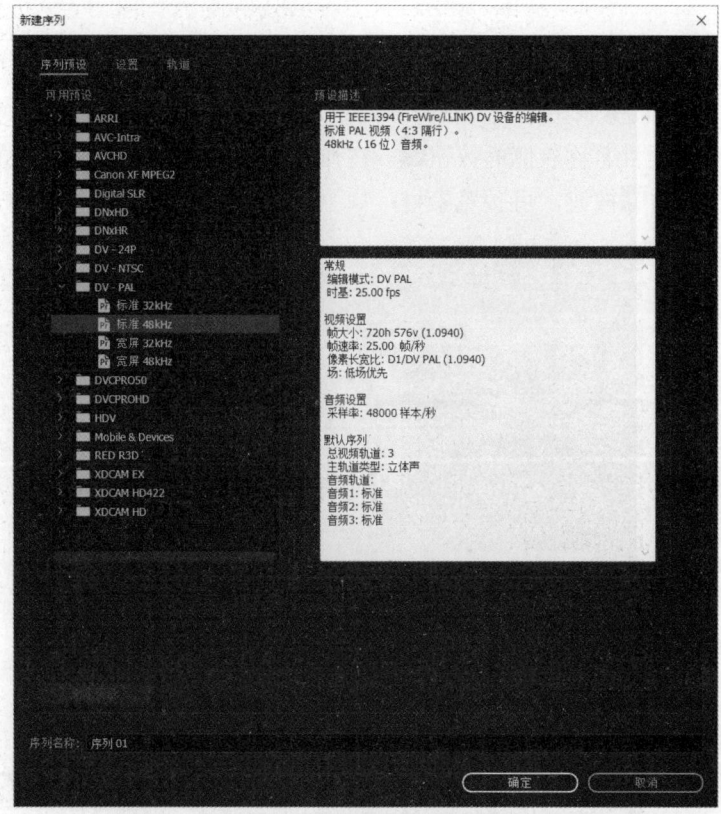

图 8-6 "新建系列"对话框

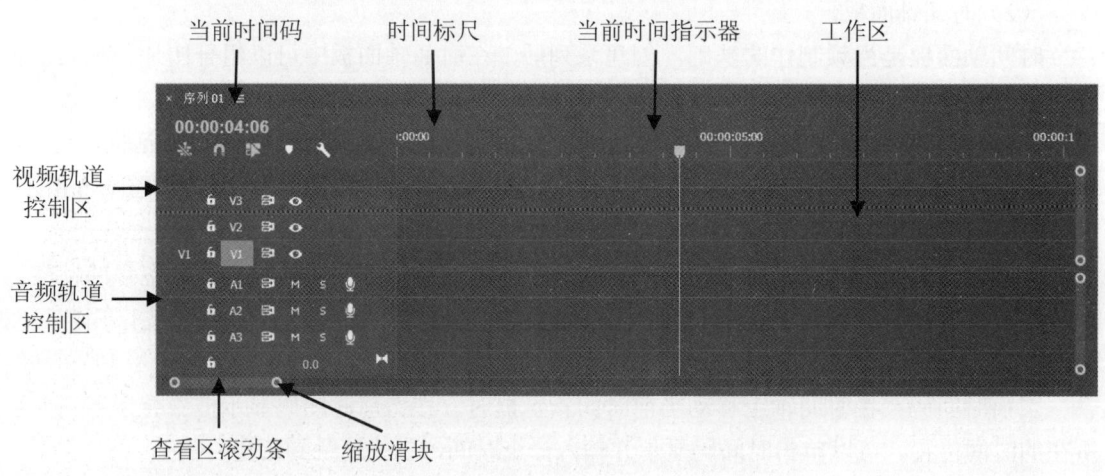

图 8-7 新建序列的时间轴面板

（3）源监视器面板。

在项目面板的素材上双击，或直接将项目面板中的素材拖到源监视器面板中，即可在源监视器面板中预览原始素材，如图 8-8 所示。源监视器也可以显示音频素材的音频波形，如图 8-9 所示。可以使用源监视器设置素材的入点和出点，然后将它们插入或覆盖到自己的作品中。

图 8-8　源监视器面板

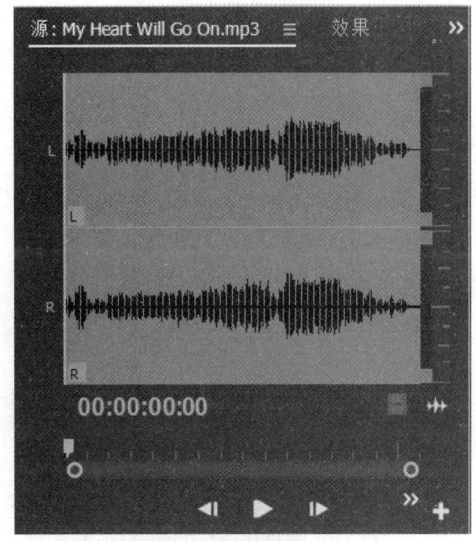
图 8-9　显示音频波形

（4）节目监视器面板。

通过节目监视器面板，可以对时间轴面板中所编辑的素材进行实时预览，如图 8-10 所示。要在节目监视器面板中播放序列，只需单击窗口中的▶按钮或按空格键即可。如果在 Premiere 中创建了多个序列，可单击节目监视器面板的序列列表按钮▤，选择其他系列作为当前的节目内容。

（5）参考监视器面板。

在许多情况下，参考监视器是另一个节目监视器。可通过选择"窗口/参考监视器"命令，调出参考监视器面板，如图 8-11 所示。许多 Premiere 编辑操作使用它进行颜色和音调调整，因为在参考监视器面板中查看视频示波器（可以显示色调和饱和度级别）的同时，可以在节目监视器面板中查看实际的影片。

图 8-10　节目监视器面板

图 8-11　参考监视器面板

（6）音轨混合器面板。

使用音轨混合器面板可以混合不同的音频轨道、创建音频特效和录制音频素材，如图8-12所示。

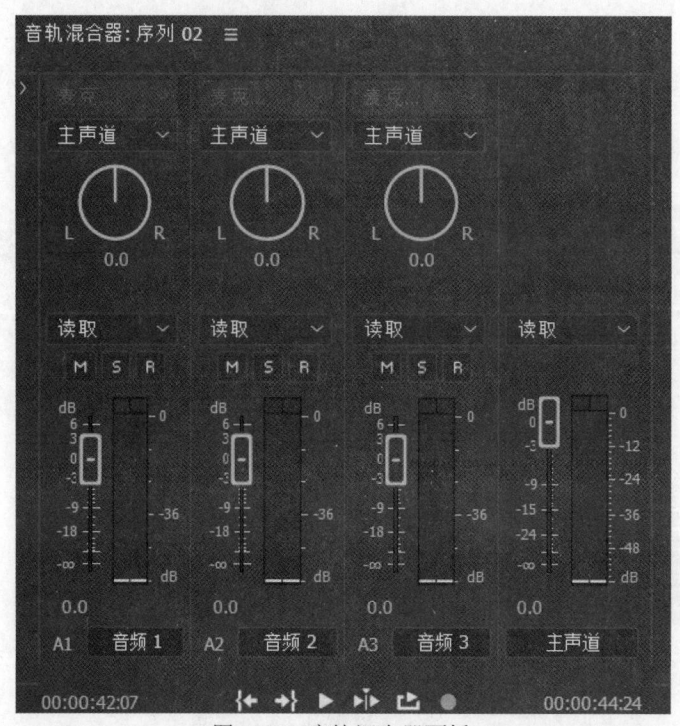

图8-12　音轨混合器面板

（7）效果面板。

效果面板中显示了多种视、音频效果和视、音频过渡，如图8-13所示。

（8）效果控件面板。

直接将视、音频特效拖到效果控件面板或时间轴面板的素材上，可对素材添加某种特效，并在效果控件面板中可显示添加的特效，如图8-14所示。可在效果控件面板中调整视、音频特效的参数，进行特效编辑。

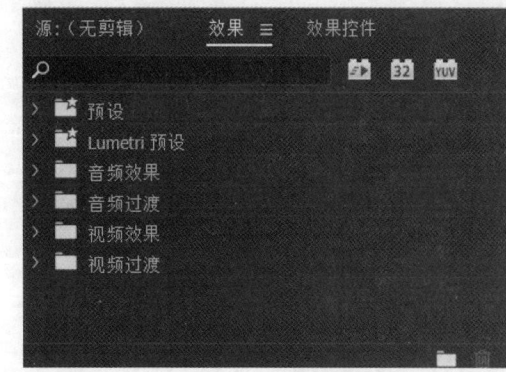

图8-13　效果面板

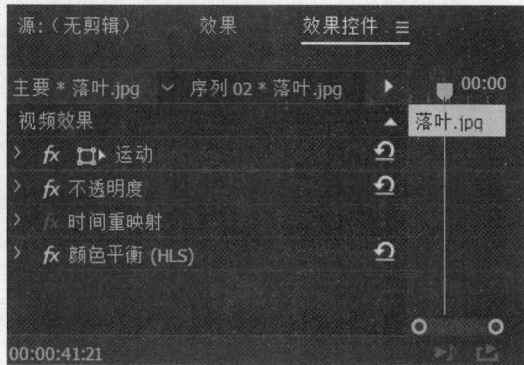

图8-14　效果控件面板

（9）工具面板。

Premiere 工具面板中的工具主要用于在时间轴面板中编辑素材，可以快速地编辑素材的入点和出点，如图 8-15 所示。

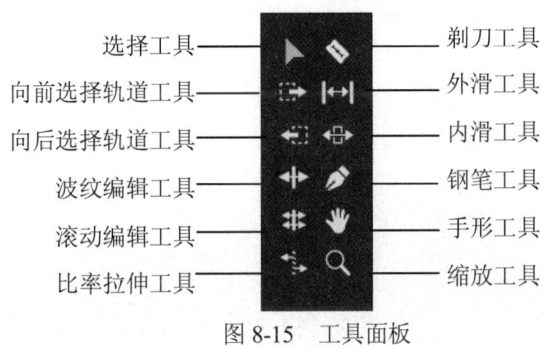

图 8-15　工具面板

- 选择工具：用于对素材进行选择、移动，并可以调节素材的关键帧，为素材设置入点和出点。
- 向前选择轨道工具：在某一轨道中单击，可以选择该轨道中光标及其右侧的所有素材。
- 向后选择轨道工具：在某一轨道中单击，可以选择该轨道中光标及其左侧的所有素材。
- 波纹编辑工具：使用该工具可以编辑一个素材的入点和出点，而不影响相邻的素材。在减小前一个素材的出点时，Premiere 会将下一个素材向左拉近，而不改变下一个素材的入点，这样就改变了整个作品的持续时间。
- 滚动编辑工具：用该工具单击并拖动一个素材的边缘，可以修改素材的入点和出点。当单击并拖到边缘时，下一个素材的持续时间会根据前一个素材的变动自动调整。例如，前一个素材出点增加 5 帧，后一个素材的入点就减少 5 帧。这样不会改变整个作品的持续时间。
- 比率拉伸工具：使用该工具可以对素材的速度进行相应调整，从而达到改变素材长度的目的。
- 剃刀工具：该工具用于分割素材。选择剃刀工具后单击素材，会将素材分为两段，每段素材将产生新的入点和出点。
- 外滑工具：使用该工具可以改变夹在两个素材中间的素材的入点和出点，并保持中间素材的持续时间不变，也不影响该素材左右两边的素材。整个作品的总持续时间不变。
- 内滑工具：使用该工具单击并拖动夹在两个素材中间的素材时，中间素材的入点、出点和持续时间不变，而两边素材的出点、入点和持续时间相应发生变化，整个作品的总持续时间不变。
- 钢笔工具：主要用来设置素材的关键帧。
- 手形工具：用于改变时间轴面板的可视区域，有助于编辑一些较长的素材。

- 缩放工具🔍：用来调整时间轴面板中时间单位的显示比例。按下 Alt 键，可以在放大和缩小模式间进行切换。

（10）历史记录面板。

历史记录面板可记录作品编辑制作的步骤，如图 8-16 所示。要返回项目以前的某个状态，单击历史记录面板中的某个历史记录命令即可。

在历史记录面板中右击，在弹出的菜单中选择"清除历史记录"命令，弹出"清除历史记录"对话框，单击"确定"按钮，可清除所有的历史记录。

在历史记录面板中右击，在弹出的菜单中选择"设置…"命令，弹出"历史记录设置"对话框，可设置历史记录状态，最多可设置 100 次。

（11）信息面板。

显示选中素材的文件名、类型、帧速率、大小、持续时间等信息，如图 8-17 所示。

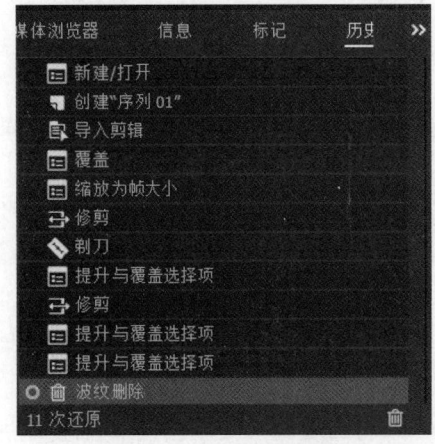

图 8-16　历史记录面板

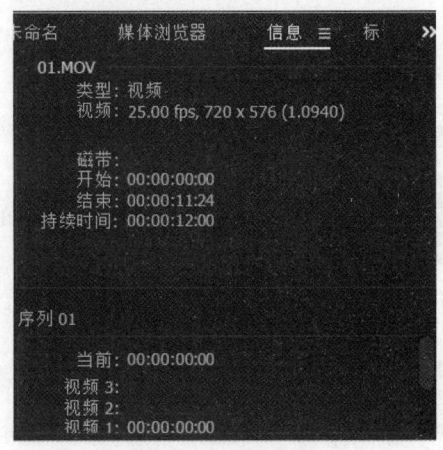

图 8-17　信息面板

### 四、Premiere Pro CC 2017 实例

1．多彩夜景

（1）启动 Premiere Pro CC 2017，在启动界面中选择"新建项目…"按钮。在弹出的"新建项目"对话框中，输入项目名称为"多彩夜景"，设置合适的位置路径。

（2）执行"文件/新建/序列…"命令，在弹出的"新建序列"对话框中选择"序列预设"为 HDV 中的 HDV 1080i25(50i)，输入序列名称为 dcyj，如图 8-18 所示，单击"确定"按钮。

（3）在项目面板的空白处双击，在弹出的"导入"面板中，选择"第八章/多彩夜景"文件夹中的"多彩夜景素材.mp4"，单击"打开"按钮，即可将素材导入到项目面板中。

（4）双击项目面板中的素材"多彩夜景素材.mp4"，在源监视器面板中单击播放按钮，查看原始素材。

（5）将播放滑块定位在起始位置，单击源监视器面板下方的"标记入点"按钮，设置素材的入点，播放至 10 秒 10 帧（00:00:10:10）处，单击源监视器面板下方的"标记出点"按钮，设置素材的出点，如图 8-19 所示。

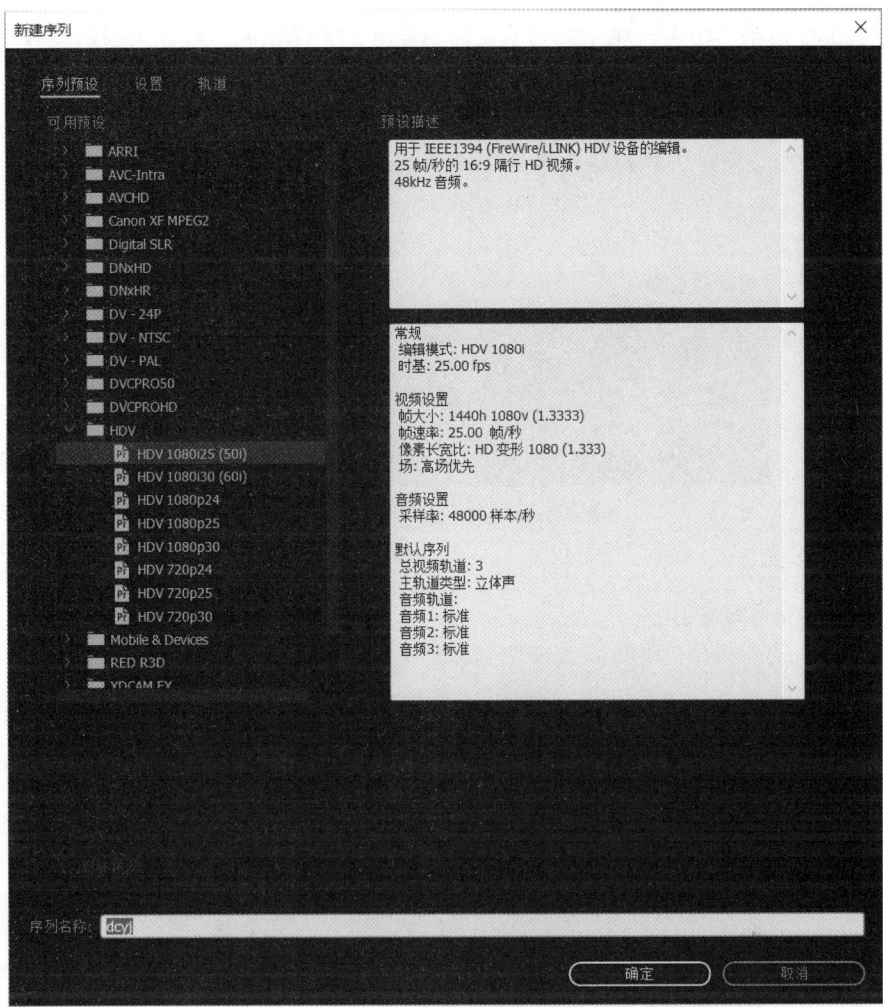

图 8-18 "新建序列"对话框中的参数选择

图 8-19 在源监视器面板中设置素材的入点和出点

**注**：可通过单击"后退一帧（左侧）"按钮和"前进一帧（右侧）"按钮，对播放时间以 1 帧为单位进行微调，若按住 Shift 键的同时单击这两个按钮，将以 5 帧为单位进行微调。

（6）单击源监视器面板中的素材画面，拖动到时间轴面板 dcyj 序列中的视频轨道 V1 上，在弹出的"剪辑不匹配警告"对话框中，单击"保持现有设置"按钮，如图 8-20 所示，序列已有参数将保持不变。

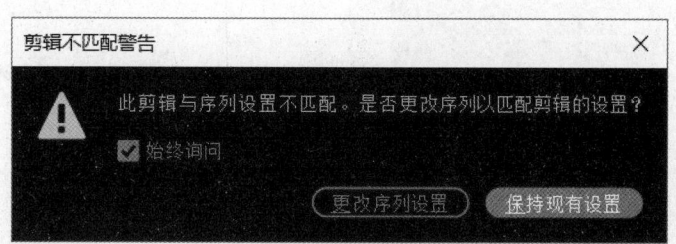

图 8-20　"剪辑不匹配警告"对话框

（7）在效果面板中，单击"视频效果"中的"颜色校正/颜色平衡（HLS）"特效，并拖动到时间轴面板的素材上。

（8）在时间轴面板中，将时间线定位到素材的起始帧位置；在效果控件面板中，单击"颜色平衡（HLS）"特效下方"色相"前面的切换动画按钮。

（9）在时间轴面板中，将时间线定位到素材的结束帧位置；在效果控件面板中，单击"色相"文本框并输入 720，如图 8-21 所示。按空格键，预览效果。

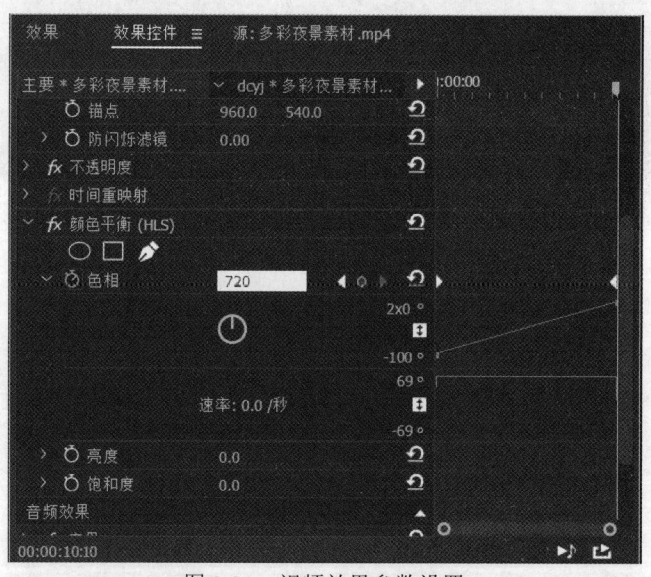

图 8-21　视频效果参数设置

（10）在时间轴面板中，将时间线定位到素材的 8 秒 10 帧的位置；单击效果控件面板中"不透明度"右侧的"添加/移除关键帧"图标，参数保持 100%不变。

（11）在时间轴面板中，将时间线定位到素材的结束帧位置；单击效果控件面板中"不透明度"右侧的"添加/移除关键帧"图标，设置参数为 0%，如图 8-22 所示。

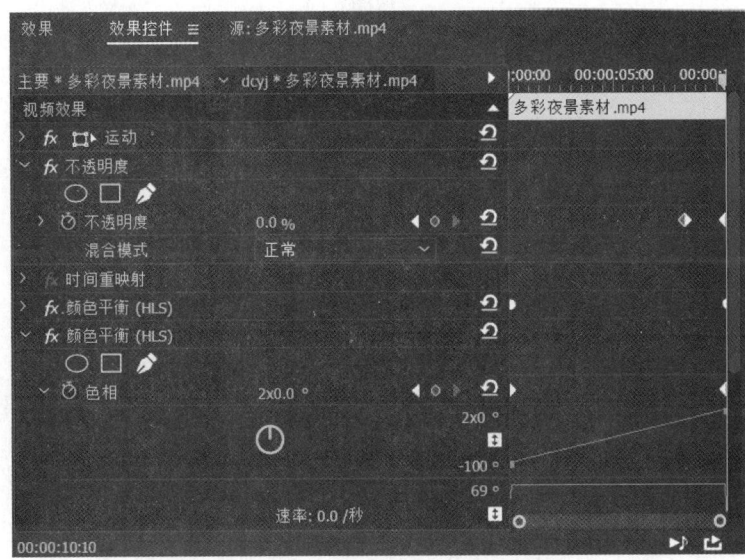

图 8-22 "不透明度"参数设置

（12）与步骤（3）同理，导入素材"多彩夜景（文字）.psd"，在弹出的对话框中单击"确定"按钮。

（13）将项目窗口中的素材"多彩夜景（文字）.psd"直接拖动到时间轴面板的视频轨道 V2 上，将鼠标指针放在该素材的结尾处，待鼠标指针变成红色的 E 字型后，往后拖动鼠标指针，将素材延长至与视频轨道 V1 上的素材长度相同，如图 8-23 所示。

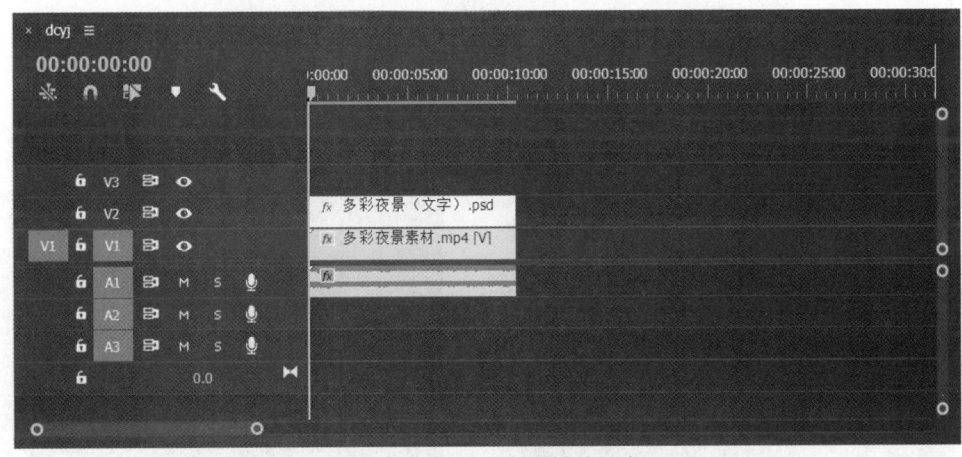

图 8-23 调整文字素材的长度

（14）在节目监视器面板中，双击文字，并适当放大后移动到右下角，如图 8-24 所示。

（15）在时间轴面板视频轨道 V1 的素材"多彩夜景素材.mp4"上右击，在下拉菜单中选择"复制"命令。

（16）在时间轴面板视频轨道 V2 的素材"多彩夜景（文字）.psd"上右击，在下拉菜单中选择"粘贴属性…"命令，在弹出的"粘贴属性"对话框中，选中"不透明度"和"颜色平衡（HLS）"前的复选框，取消其他的复选框，如图 8-25 所示。

图 8-24　缩放移动文字

（17）在效果面板的"音频过渡"中选择"交叉淡化/恒定功率"，并拖动到时间轴面板的音频素材的结尾处。

（18）选中音频素材上的"恒定功率"音频过渡效果，在效果控件面板中修改"持续时间"为 2 秒（00:00:02:00），如图 8-26 所示。

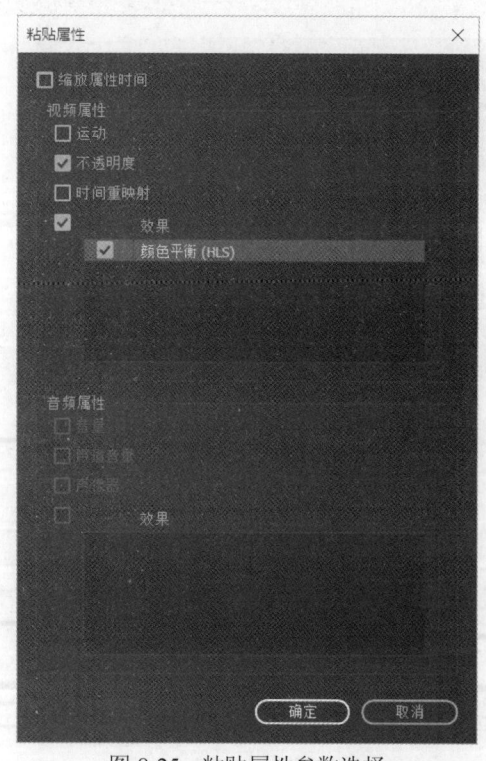

图 8-25　粘贴属性参数选择

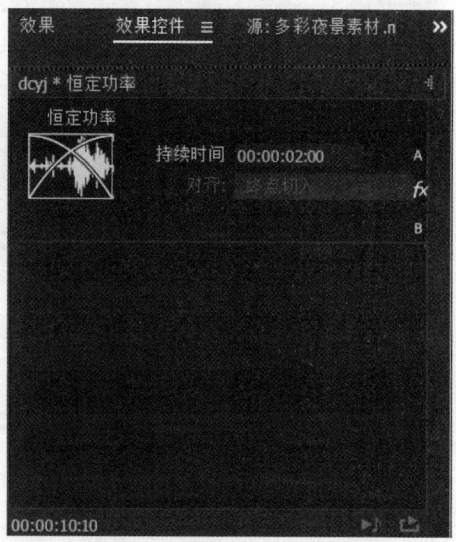

图 8-26　音频过渡效果时间设置

（19）执行"文件/保存"命令后，再选择"文件/导出/媒体…"命令，在弹出的"导出设置"对话框中，设置格式为 H.264，如图 8-27 所示。单击"输出名称"后面的名称，在弹出的"另存为"对话框中，设置输出路径，输入文件名"多彩夜景效果"，单击"保存"按钮。

图 8-27　"导出设置"对话框

（20）单击"导出"按钮，弹出"编码 dcyj"对话框，如图 8-28 所示。

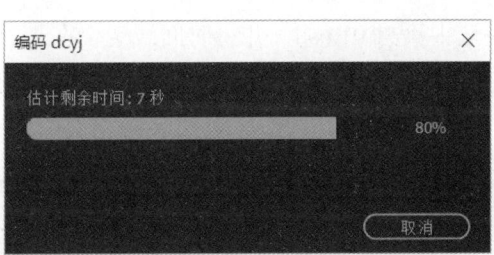

图 8-28　"编码 dcyj"对话框

## 2. 海边风光

（1）启动 Premiere Pro CC 2017，在启动界面中选择"新建项目…"按钮。在弹出的"新建项目"对话框中，输入项目名称为"海边风光"，设置合适的位置路径。

（2）执行"文件/新建/序列…"命令，在弹出的"新建序列"对话框中选择"序列预设"为 DV-PAL 中的"宽屏 48k"，输入序列名称为 hbfg，单击"确定"按钮。

（3）在项目面板的空白处双击，在弹出的"导入"面板中，选择"第八章/海边风光"中的"素材"文件夹，单击"导入文件夹"按钮，如图 8-29 所示，即可将整个文件夹导入到项目面板中。

图 8-29 "导入"对话框

（4）将项目面板中的"海边风光"文件夹中的素材 01.psd～08.psd 依次拖动到时间轴面板的视频轨道 V1 上，如图 8-30 所示。

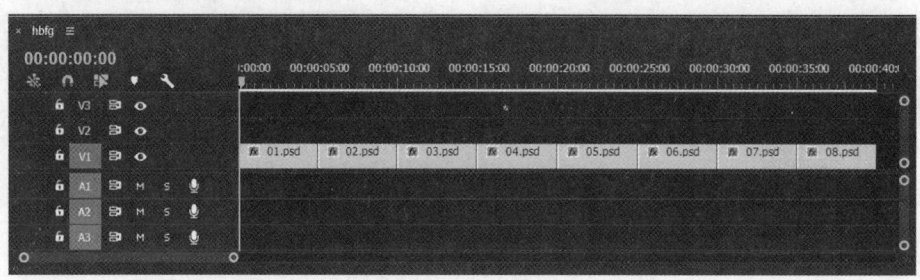

图 8-30 时间轴面板

（5）在时间轴面板中选中素材 01.psd，并将时间线定位在素材 01.psd 的起始帧位置。在效果控件面板中，单击"缩放"和"旋转"参数左边的切换动画按钮，并修改"缩放"参数为 0，如图 8-31 所示。

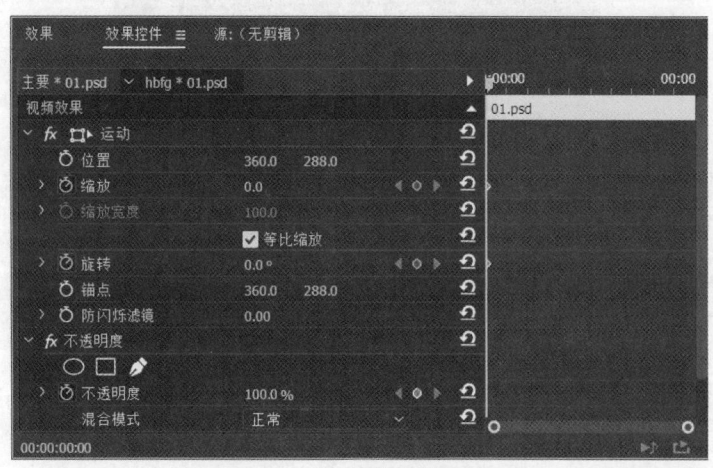

图 8-31 起始帧参数设置

（6）将时间线定位在素材 01.psd 的第 2 秒位置，修改"旋转"参数为 360。

（7）将时间线定位在素材 01.psd 的结束帧位置，修改"缩放"参数为 100。

（8）在时间轴面板中选中素材 02.psd，并将时间线定位在素材 02.psd 的起始帧位置。在效果控件面板中，单击"位置"和"缩放"参数左边的切换动画按钮，并修改"位置"参数为（250，200），"缩放"参数为 130，如图 8-32 所示。

图 8-32　控件面板参数调整

（9）将时间线定位在素材 02.psd 的结束帧位置，修改"位置"参数为（360，288），"缩放"参数为 100。

（10）在效果面板中，将"视频过渡"中的"3D 运动/立方体旋转"拖动到素材 01.psd 和 02.psd 之间。

（11）选中时间轴面板中的"立方体旋转"过渡效果，在效果控件面板中将"持续时间"改为 2 秒，如图 8-33 所示，延长过渡效果的持续时间。

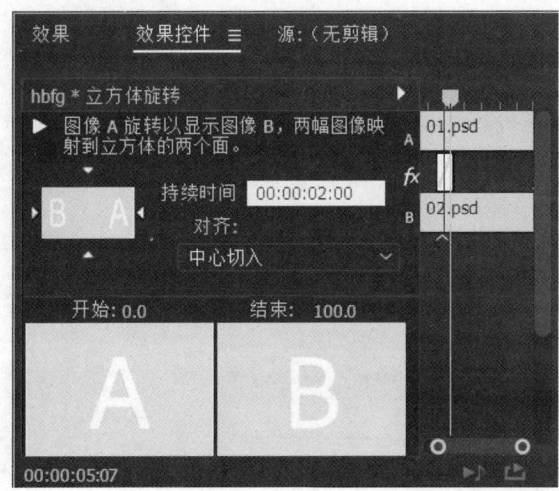

图 8-33　视频过渡参数调整

(12) 重复步骤 (5) ~ (11), 为其他图片素材分别添加"位置""缩放""旋转"关键帧, 并设置合适的位置、缩放和旋转参数; 在两个素材之间添加合适的"视频过渡"效果, 并在效果控件面板中设置合适的参数。

(13) 执行菜单命令"字幕/新建字幕/默认游动字幕…", 在弹出的"新建字幕"对话框中输入"名称"为"面向大海", 单击"确定"按钮, 如图 8-34 所示。

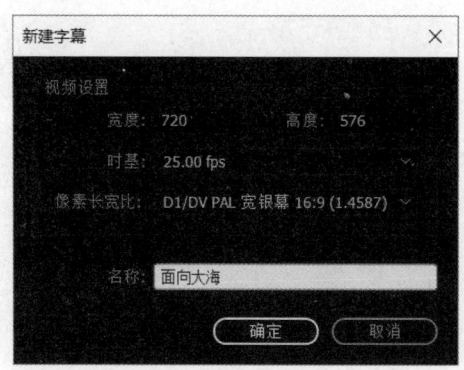

图 8-34 "新建字幕"对话框

(14) 在画面的内框线处输入合适的文字, 拖动文字框下方的滚动条, 可查看输入的文字内容。在右侧的"字幕属性"面板中, 设置"字体系列"为"Adobe 黑体 Std", "字体大小"为 50, "颜色"为黄色; 单击"外描边"右侧的"添加", 设置"大小"为 15, "颜色"为黑色, 如图 8-35 所示。

图 8-35 字幕窗口

(15) 单击字幕窗口左上角的"滚动/游动选项…"按钮，在弹出的"滚动/游动选项"对话框中选中"向左游动"单选按钮，勾选"开始于屏幕外"和"结束于屏幕外"复选框，如图 8-36 所示，单击"确定"按钮。单击字幕窗口右上角的"关闭"按钮，关闭字幕窗口。

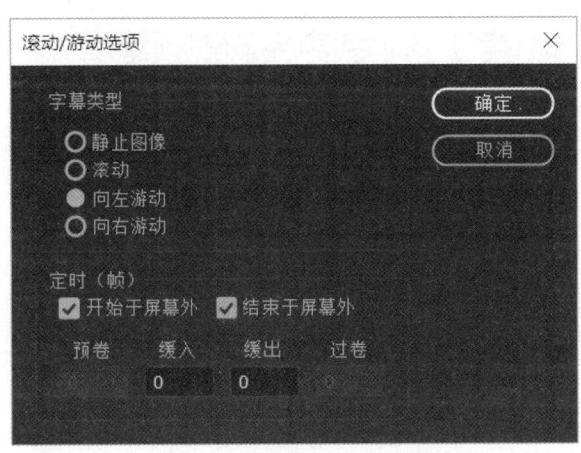

图 8-36　游动字幕参数设置

(16) 将项目面板中新建的字幕"面向大海"拖动到视频轨道 V2 上，将鼠标指针放在字幕素材的结尾处，待鼠标指针变成红色的 E 字型后，往后拖动鼠标指针，将素材延长至与视频轨道 V1 上的素材长度相同。

(17) 将项目面板中的音频 music.mp3 拖动到音频频轨道 V1 上，将时间线定位到素材 38 秒的位置，把鼠标指针放在音频素材的开始处，待鼠标指针变成红色的 E 字型后，往后拖到鼠标指针到 38 秒处，裁剪掉前一段音频，并将音频往前移动至开始位置。

(18) 将鼠标指针放在音频素材的结尾处，待鼠标指针变成红色的 E 字型后，往前拖到鼠标指针至与视频轨道素材对齐的位置，裁剪掉后一段音频。

(19) 选中效果面板的"音频过渡"中"交叉淡化/恒定功率"，并拖动到时间轴面板的音频素材的开始和结尾处，形成音频的淡入淡出效果，如图 8-37 所示。

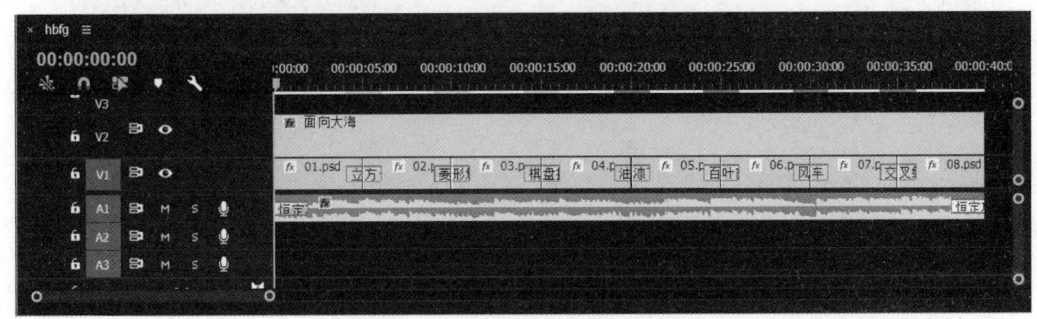

图 8-37　时间轴面板中的音频效果

(20) 分别选中音频素材开始和结束处的"恒定功率"音频过渡效果，在效果控件面板中修改"持续时间"为 2 秒（00:00:02:00）。

(21) 执行"文件/保存"命令后，再选择"文件/导出/媒体…"命令，在弹出的"导出设置"对话框中,设置格式为 H.264,单击"输出名称"后面的名称,在弹出的"另存为"对话框中设置输出路径,输入文件名为"海边风光效果",单击"保存"按钮。

(22)单击"导出"按钮,弹出"编码"对话框。

## 第二节 会声会影视频编辑

在桌面上双击会声会影的快捷方式 ![icon],或在电脑桌面左下角"开始"菜单中选择"Corel VideoStudio X9"命令,启动会声会影软件。

### 一、会声会影 X9 步骤面板

在会声会影 X9 中包括三大步骤面板,分别为"捕获""编辑"和"共享"步骤面板。

1. "捕获"步骤面板

在会声会影 X9 界面的上方,单击"捕获"标签,进入"捕获"步骤面板,如图 8-38 所示,通过使用该步骤面板中的相关功能,可以捕获各种视频文件,如 DV 视频、DVD 视频以及实时屏幕画面,还可以制作定格动画,能满足用户的各种视频捕获需求。

图 8-38 "捕获"步骤面板

2. "编辑"步骤面板

在会声会影 X9 界面的上方,单击"编辑"标签,进入"编辑"步骤面板,如图 8-39 所示,该步骤面板是编辑视频文件的主要场所,在其中可以对视频进行剪辑和修整操作,还可以为视频添加转场、滤镜、字幕等各种特效,丰富视频画面。

第八章 视听觉媒体——数字视频的非线性编辑　157

图 8-39 "编辑"步骤面板

3. "共享"步骤面板

在会声会影 X9 界面的上方，单击"共享"标签，进入"共享"步骤面板，如图 8-40 所示。当用户对视频编辑完成后，需要通过"共享"步骤面板中的相关功能对视频文件进行输出操作，可以输出为不同的视频格式，或者将视频上传至网络与其他网友一起分享制作的视频成果。

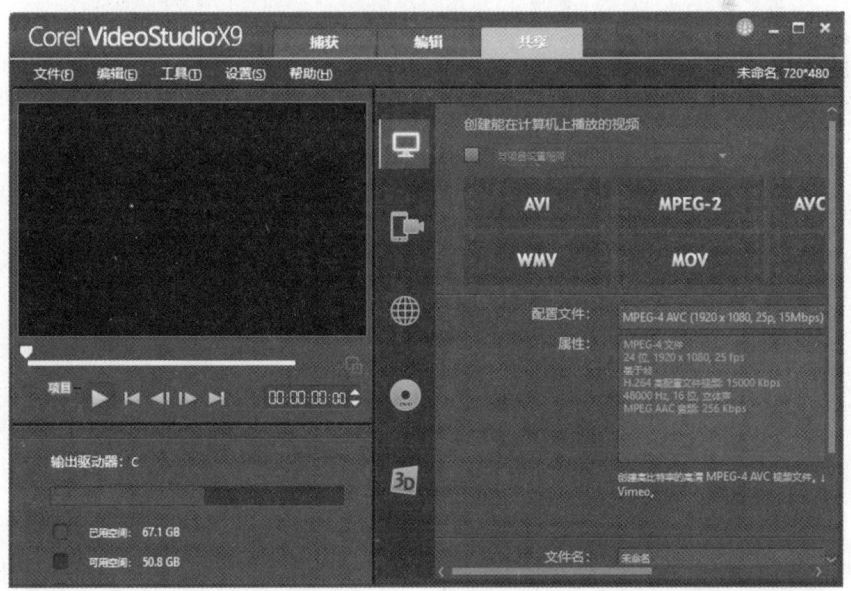

图 8-40 "共享"步骤面板

## 二、应用影音快手制作视频

（1）启动会声会影软件，选择"工具/影音快手…"命令，进入影音快手工作界面，如图 8-41 所示。

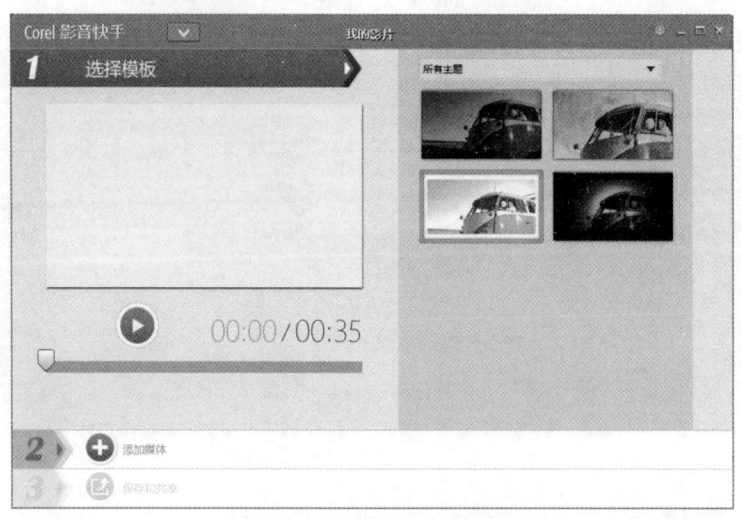

图 8-41　影音快手工作界面

（2）在工作界面的右侧"所有主题"列表框中，选择一种视频主题样式。

（3）在左侧的预览窗口下方，单击"播放"按钮，预览视频效果。

（4）单击下方的"添加媒体"按钮，进入"添加媒体"步骤工作界面，如图 8-42 所示。

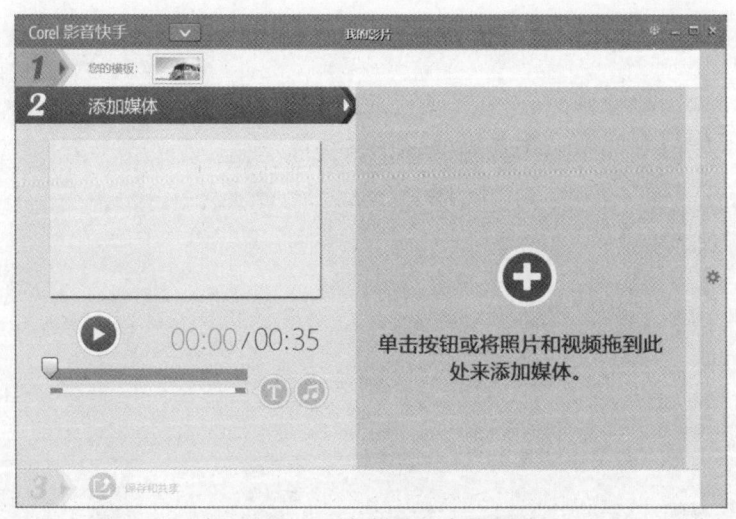

图 8-42　"添加媒体"步骤界面

（5）单击右侧的"添加媒体"按钮，在弹出的"添加媒体"对话框中，选择"第八章/影音快手模板素材"文件夹里的图片文件 01.jpg、012.jpg 和 03.jpg，如图 8-43 所示。单击"打开"按钮，将图片素材导入到影音快手界面中。

图 8-43 "添加媒体"对话框

（6）单击"播放"按钮 ⏵，预览更换素材后的影片模板效果，如图 8-44 所示。

图 8-44 预览更换素材后的影片模板效果

（7）单击下方的"保存和共享"按钮，打开相应面板，如图 8-45 所示。

（8）在右侧选中 MPEG-4，在下方输入"文件名"为"我的影片"，选择合适的"文件位置"。

（9）单击"保存电影"按钮，渲染结束后完成视频输出，生成"我的影片.mp4"视频文件。

图 8-45 "输出"界面参数设置

## 三、倒计时效果的制作

（1）启动会声会影软件，在"媒体素材库"中单击"添加"按钮，新建一个素材库，命名为"倒计时"，如图 8-46 所示。在右侧的空白位置右击，在弹出的快捷菜单中选择"插入媒体文件"命令。

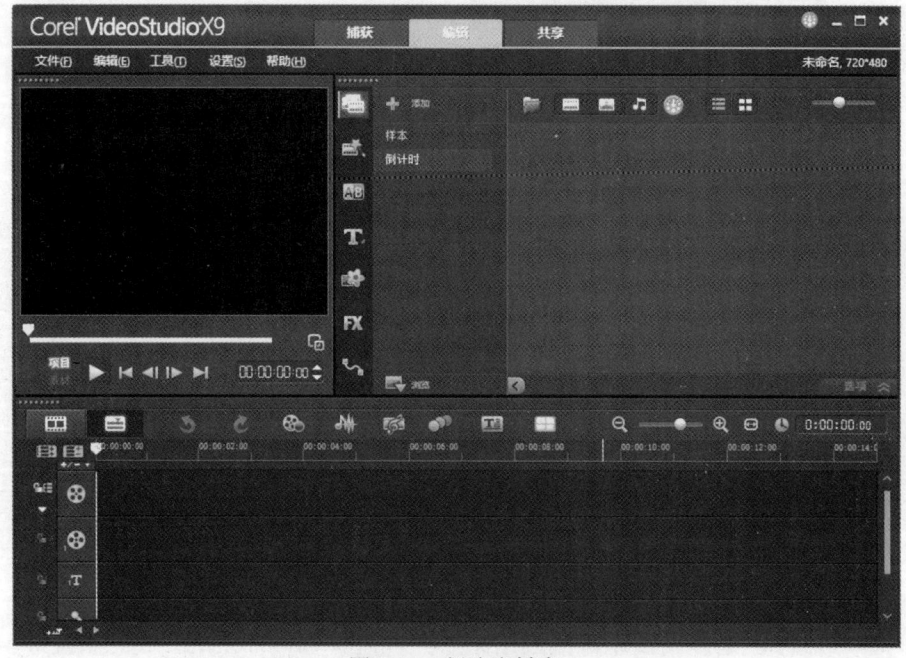

图 8-46 新建素材库

（2）在弹出的"浏览媒体文件"对话框中选中"第八章/倒计时/素材"文件夹中的所有素材，单击"打开"按钮，如图 8-47 所示，即可将素材导入相应素材。

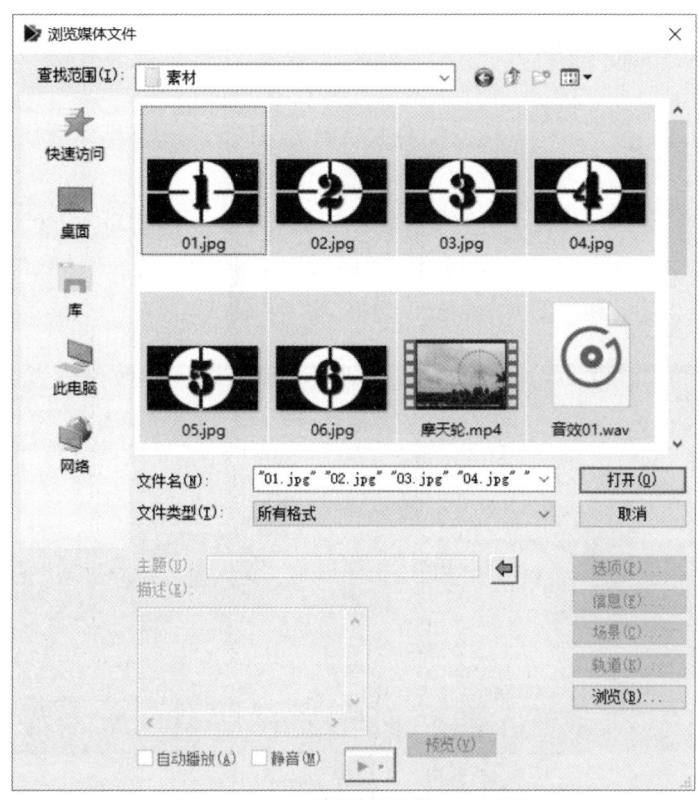

图 8-47　"浏览媒体文件"对话框

（3）将"倒计时"素材库中的图片素材按顺序拖到时间轴面板的视频轨上，如图 8-48 所示，依次为 06.jpg、"照片 05.jpg"、05.jpg、"照片 04.jpg"、04.jpg、"照片 03.jpg"、03.jpg、"照片 02.jpg"、02.jpg、"照片 01.jpg"、01.jpg。

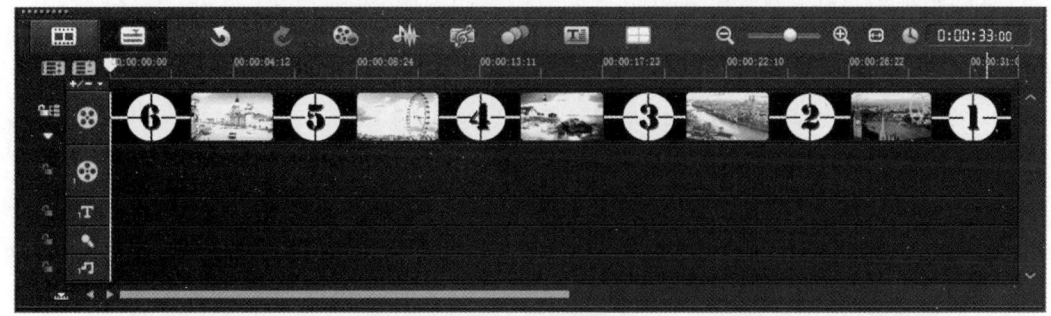

图 8-48　时间轴面板

（4）选中时间轴面板中的图片素材 06.jpg，单击"选项"按钮，设置"区间"为 00:00:01:03。

（5）重复步骤 4，将图片素材 05.jpg、04.jpg、03.jpg、02.jpg、01.jpg 的持续时间都修改为 1 秒 3 帧。

（6）选中时间轴面板中的图片素材"照片05.jpg"，单击"选项"按钮，设置"区间"为00:00:01:00。

（7）重复步骤6，将视频轨上的图片素材"照片04.jpg""照片03.jpg""照片02.jpg""照片01.jpg"的持续时间都修改为1秒。

（8）将"倒计时"素材库中的视频素材"摩天轮.mp4"拖放到视频轨的最后，将鼠标指针放置在该素材的起始位置，待鼠标指针变成横向箭头后，按住鼠标左键往右拖动，剪掉素材的一部分。

（9）单击"转场"按钮，切换至"转场"选项卡，单击窗口上方的"画廊"按钮，在弹出的下拉列表框中选择"时钟"选项，在"时钟"素材库中选择"清除"转场，如图8-49所示，并拖到素材06.jpg和"照片05.jpg"之间。

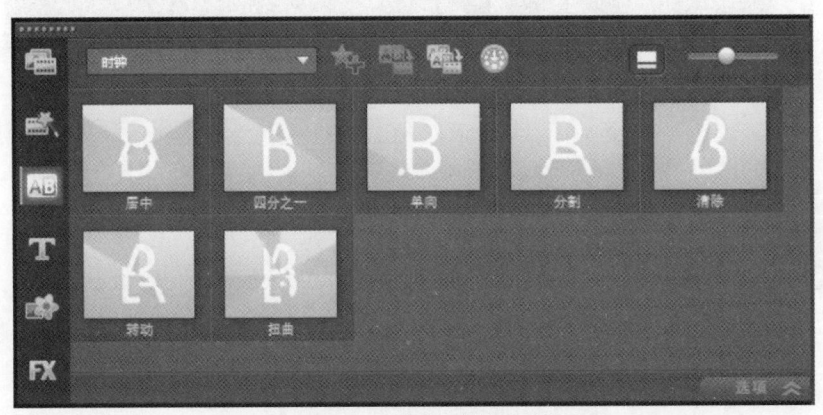

图8-49 "时钟"转场面板

（10）重复步骤9，将"清除"转场依次拖到素材05.jpg和"照片04.jpg"、04.jpg和"照片03.jpg"、03.jpg和"照片02.jpg"、02.jpg和"照片01.jpg"、01.jpg和"摩天轮.mp4"之间。

（11）单击"滤镜"按钮，切换至"滤镜"选项卡，单击窗口上方的"画廊"按钮，在弹出的下拉列表框中选择"特殊"选项，在"特殊"滤镜组中选择"雨点"滤镜，如图8-50所示，并拖到视频素材"摩天轮.mp4"上。

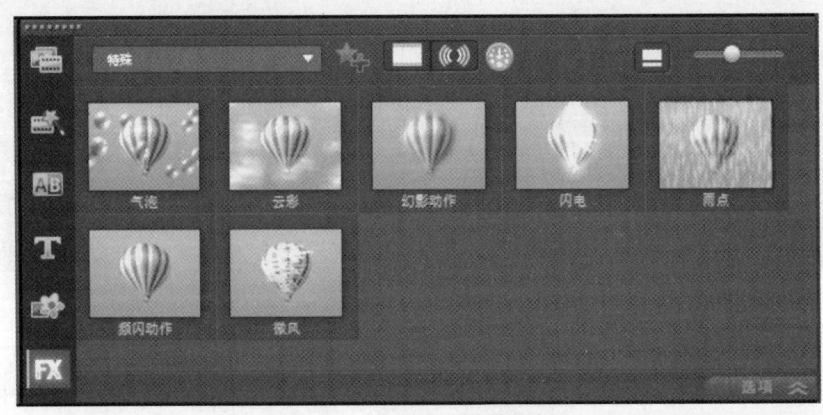

图8-50 "特殊"滤镜面板

（12）在"选项"面板中，切换到"属性"选项卡，如图 8-51 所示，单击"自定义滤镜"按钮，弹出"雨点"对话框。

图 8-51 "属性"选项卡

（13）在"雨点"对话框中的起始帧和结束帧位置，分别设置"基本"选项卡中的"密度"为 600，"高级"选项卡中的"风向"为 280，如图 8-52 所示。

图 8-52 "雨点"对话框

（14）在视频轨的素材"摩天轮.mp4"上右击，在弹出的下拉菜单中选择"调整音量…"命令，在弹出的"调整音量"对话框中，设置音量为 60，如图 8-53 所示。

（15）在视频轨的素材"摩天轮.mp4"上右击，勾选"淡入"和"淡出"复选框，设置声音的淡入淡出效果。

（16）将"倒计时"素材库中的"音效 01.wav"拖动到声音轨的起始位置。

（17）再次将"音效 01.wav"拖放到声音轨上，起始帧与数字图片 05.jpg 的起始帧对齐。

（18）重复三次将"音效 01.wav"拖放到声音轨上，起始帧分别与图片 04.jpg、03.jpg、

02.jpg 的起始帧对齐。

（19）将"倒计时"素材库中的"音效 02.wav"拖动到声音轨上，起始帧与图片 01.jpg 的起始帧对齐。

（20）单击"标题"按钮，切换至"标题"选项卡，可在预览窗口中看到"双击这里添加标题"字样，如图 8-54 所示。

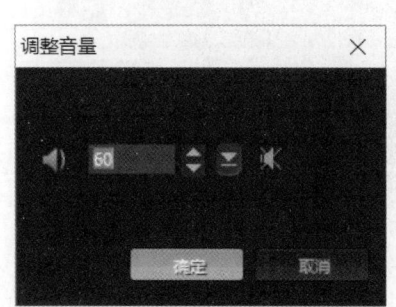

图 8-53　"调整音量"对话框

图 8-54　预览窗口

（21）在预览窗口中双击显示的字样，打开"编辑"选项卡，选中"单个标题"单选按钮，如图 8-55 所示。

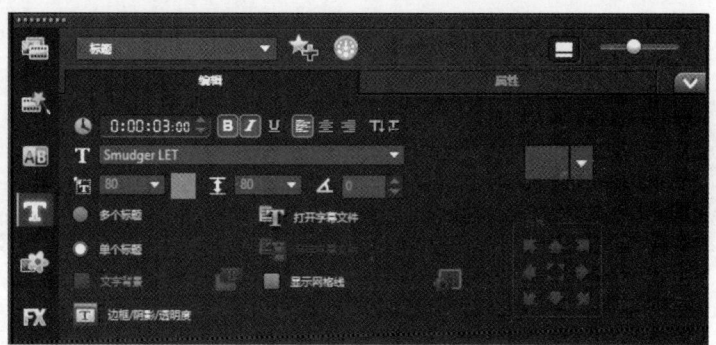

图 8-55　选中"单个标题"单选按钮

（22）双击预览窗口中显示的字样，出现一个文本输入框，输入文字"摩天轮"，如图 8-56 所示，字幕将自动放置在标题轨上。

图 8-56　输入文字内容

（23）选择输入的标题字幕，在"编辑"选项卡中设置标题字幕的字体为"仿宋"，大小为 60，颜色为黄色，对齐方式为左对齐，如图 8-57 所示。

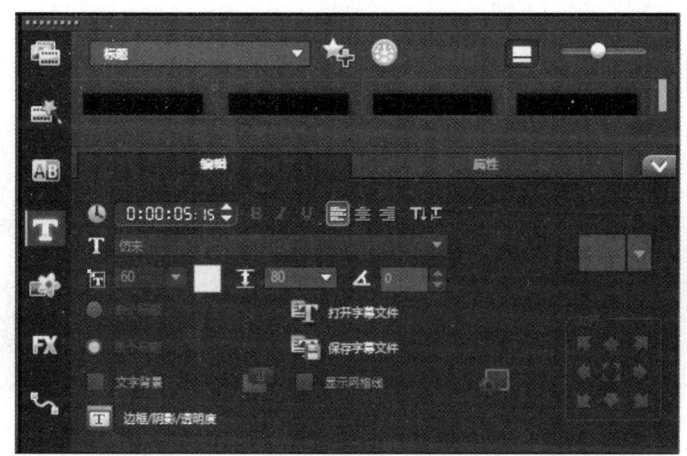

图 8-57　设置文字属性

（24）单击"编辑"选项卡中"边框/阴影/透明度"，弹出"边框/阴影/透明度"对话框，如图 8-58 所示，根据需要设置"边框"和"阴影"选项卡中的参数。

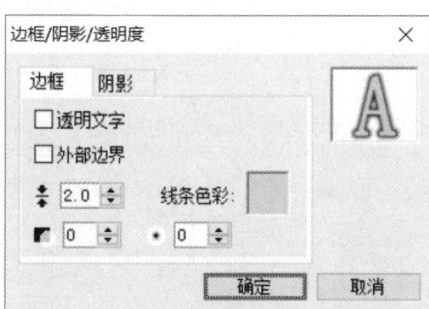

图 8-58　"边框/阴影/透明度"对话框

（25）切换至"属性"选项卡，选中"动画"单选按钮，勾选"应用"复选框，在"选取动画类型"下拉列表框中选择"淡化"选项，并选择第二个动画类型，如图 8-59 所示。

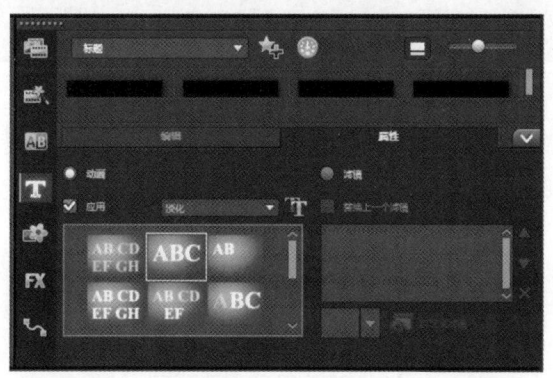

图 8-59　文字"属性"面板中的动画类型选择

（26）将"摩天轮"字幕的起始帧对齐到时间轴面板 6 秒 18 帧的位置，并将鼠标指针放在字幕的结束帧位置，待鼠标指针变成横向箭头后，按住鼠标左键往后拖动，延长字幕至与视频素材等长的位置，如图 8-60 所示。

图 8-60　时间轴面板中的字幕设置

（27）单击"共享"标签，切换至"共享"步骤面板，在面板上方选择 MPEG-4 选项，在下方输入"文件名"为"倒计时效果"，单击"文件位置"右侧的"浏览"按钮选择合适的文件位置，如图 8-61 所示。

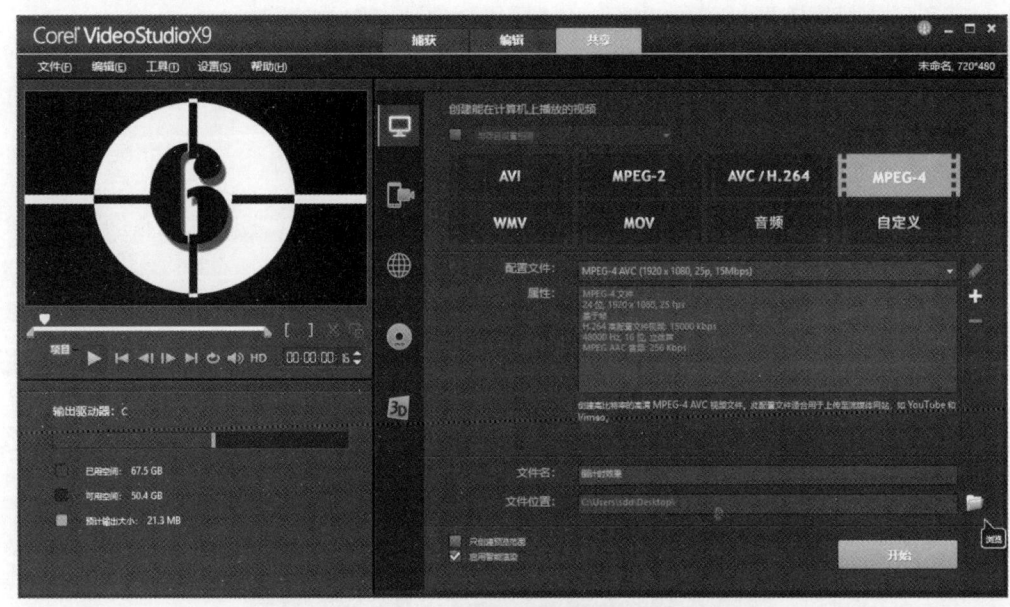

图 8-61　"共享"面板参数设置

（28）单击"开始"按钮，开始渲染视频文件，并显示渲染进度。渲染完成后，弹出信息提示框，提示用户视频文件输出成功，如图 8-62 所示，单击"确定"按钮即可。

图 8-62　视频成功输出提示框

## 第三节　爱剪辑

爱剪辑是国内首款全能免费视频剪辑软件，支持给视频加字幕、调色、加相框等齐全的剪辑功能，其诸多创新功能和影院级特效也使它成为迄今最易用、强大的视频剪辑软件，如图8-63所示。

图8-63　爱剪辑

爱剪辑软件的特点及效果概览如图8-64所示。

**国内首款全能免费视频剪辑软件**

操作简单轻松　　迄今最为全能　　过目不忘的顶级画质　　酣畅淋漓的运行速度

影院级好莱坞特效　　专业的风格滤镜效果　　炫目的视频切换效果　　乐趣无穷的K歌功能

图8-64　爱剪辑软件的特点及效果概览

## 练习和作业

### 一、练习

1. 掌握Premiere视频剪辑的基本操作。
2. 掌握会声会影视频剪辑的基本操作。
3. 掌握爱剪辑视频剪辑的基本操作。

### 二、作业

1. 以小组为单位进行DV摄录并剪辑，要求视频内容涵盖片头、片尾、字幕、对话或旁白或背景音、转场等。
2. 个人拍摄微课短视频并制作特效。

# 第九章　教学设计——微格教学实践

## 第一节　教学技能分类和应用要点

针对师范生，必须以系统科学的思想为指导培训教学技能，应该提供微格教学示范为被培训者提供模仿的样板和信息。技能训练是掌握复杂活动的途径，自评、互评等直接的反馈对改变人的教与学的行为有重要作用，有利于被培训者改进提高。

教学技能包括导入技能、教学语言技能、提问技能、讲解技能、变化技能、强化技能、演示技能、板书技能、结束技能、课堂组织技能。

### 一、导入技能——开门之技

目的：引起兴趣，激发动机，组织引导，建立联系。
类型：直接导入，经验导入，实验导入，设疑导入。
应用要点：加强目的性和针对性，讲究关联性和趣味性，注重直观性和启发性。

### 二、教学语言技能——基本之技

目的：传递教学消息，发展学生智力，提高教师能力。
构成：教学语言=基本语言技能+特殊教学语言技能。
应用要点：学科性和科学性，简明性和情感性，针对性和影响性。

### 三、提问技能——交流之技

目的：激发动机，揭示矛盾，巩固旧知，引导参与，获得反馈。
类型：低级提问，回忆提问，中级提问，理解提问，运用提问，高级提问，分析提问，综合提问。
应用要点：密切联系教学内容，重点突出，表达清楚，把握提问动机，分析确认答案。

### 四、讲解技能——表达之技

特点：唯一媒体为语言；信息传递为单向。
目的：传授知识，培养志趣，启发思维。
类型：说明式，描述式，原理中心式，问题中心式。

应用要点：教学语言的准确性，讲解的针对与阶段性，反馈与控制的有效性，与其他技能的配合性。

### 五、变化技能——风格之技

目的：引发学习兴趣，运用多样传媒，广泛提供参与，优化教学环境。
类型：教态的变化，传媒及通道的变化，师生学会作用的变化。
应用要点：确定不同的变化技能，自然过渡，合理过渡。

### 六、强化技能——巩固之技

目的：引起注意，激发动机；促进参与，改善行为。
类型：语言强化，标志强化，动作强化，活动强化，变换方式强化。
应用要点：目的明确，灵活多样，恰当适用，情感真诚。

### 七、演示技能——动手之技

目的：提供感性材料，促进概念形成；培养观察和思维能力；提高实验和动手水平；强化有关教学环节。
类型：分析法，归纳法，质疑法，激趣法，展示法，音像法。
应用要点：针对性，适用性，示范性，统一性。

### 八、板书技能——门面之技

特点：板书（正板书和副板书）。
目的：揭示内容，体现教学结构和程序；激发兴趣，启发思考；强化记忆，展示美感。
类型：提纲式，表格式，图示式，综合式，简画式，计算式，方程式。
应用要点：按照教学内容和目的设计板书；讲究启发性，条理性，简洁性；追求示范性，规范性和新颖性；事先设计板书，切忌随意。

### 九、结束技能——关门之技

目的：重申所学知识的重要性或注意点；概括所学知识，总结思维过程；运用练习、实验、评价等手段检查教学效果；布置作业，巩固所学知识。
类型：封闭式——系统归纳，比较异同，集中小结；开放式——设计悬念，领悟主题，实践练习。
应用要点：利用小结复习巩固所学知识；设法使知识系统化和简约化；注意安排学生的实践活动；明确适量地布置作业。

### 十、课堂组织技能——管理之技

目的:唤醒和维持学生注意;引起学习兴趣和动机;建立正常的课堂秩序;创造良好的教学气氛。

类型:管理性组织——课堂秩序管理,个别学生问题管理;指导性组织——学习方法指导,课堂讨论安排;诱导性组织——热情鼓励,设疑激发。

应用要点:教书育人,尊重学生,重视集体,因势利导,沉着冷静。

## 第二节 微格教学实践

### 一、微格教案格式

一般来说,微格教案格式必须包括以下内容,关注讲授内容的学科和教学主题、年级和施教对象,具体教学设计包括教学目标、时间分配、教师的教学行为、教学技能、学生学习行为、教学媒体等,如图9-1所示。

**微格教案**

| 学校: | | 主讲(受训人): | | 学号: | |
| --- | --- | --- | --- | --- | --- |
| 受训专业及班级: | | | 班 | 授课时间: | 分钟 |
| 主题(课题): | | 科目: | | 施教对象: | |
| 受训技能: | (1-3项) | 指导教师: | | 日期: | 年 月 日 |

| 教学目标 | |
| --- | --- |
| 教学重点 | |
| 教学难点 | |

| 时间分配 | 教师的教学行为 | 教学技能 | 学生学习行为 | 教学媒体 |
| --- | --- | --- | --- | --- |
| | | | | |

图9-1 微格教案模板

## 二、微格教学教案实例

下面介绍两个微格教学教案实例，如图 9-2 和图 9-3 所示。

| 学校： | 岭南师范学院 | 主讲（受训人）： | *** | 学号： | 2015?????? |
|---|---|---|---|---|---|
| 受训专业及班级： | 2015 特教一班 | | | 授课时间： | 8 分钟 |
| 主题（课题）： | Unit 1 Nice to meet you! | 科目： | 英语 | 施教对象： | 四年级 |
| 受训技能： | 导入技能、演示技能、讲解技能 | 指导教师： | | 日期： | 2018 年 3 月 20 日 |

| 教学目标 | 1. 通过第一单元的学习掌握初次见面问候，掌握介绍自己的基本句式以及常用短语。<br>2. 通过知识学习、逐步讲解、口语对话、小组讨论、实际操练，让学生掌握知识，学会运用。 |
|---|---|
| 教学重点 | 1. 让学生熟练说出 "Nice to meet you." "my name is…" "I like doing…" 等基本句型。<br>2. 能够利用 "What is your name?" "Do you like doing…?" 等疑问句与他人进行对话与交流。 |
| 教学难点 | 1. 让学生能熟练运用所学知识与老师或同学们自然地打招呼。<br>2. 让学生具备将所学句型灵活运用于生活中的意识，增强理论与实际生活的联系。 |

| 时间分配 | 教师的教学行为 | 教学技能 | 学生学习行为 | 教学媒体 |
|---|---|---|---|---|
| 1 分钟 | 情境导入：Nice to meet you, my students! 我是你们的英语老师，我先简单自我介绍一下。My name is Ellen. I like dancing and singing. Do you want to be friend with me? Wow! You are so friendly. | 情境导入 | Nice to meet you, teacher!<br>Yes, of course. | 计算机<br>PPT 课件 |
| 4 分钟 | 演示：Next, I would show you two pictures. Look at this, they are Bob and Nana.<br>导入：他们第一次见面都是怎么用英语打招呼的呢？来，同学们跟老师念一遍。Follow me, please. Very good!<br>上面四句话的中文意思同学们都懂了吗？好，如果有不懂的也没有关系哦，老师把中文意思写在每个句子下面，同学们认真看。那现在请同学们试试看把四句话念一遍。OK, good.<br>提问：同学们注意到 like 后面的红色单词的了吗？<br>讲解：Yeah, 都加了 ing 对不对？所以同学们注意咯，当你要用 like 表示你喜欢的东西时，后面的动词要记得加 ing 哦。<br>讲解：同学们，再注意一下，当你用 "Do you like…" 的句式来询问别人的爱好时，它的肯定回答是 "Yes, I do."，否定回答是 "No, I don't."。跟老师念一遍 "Yes, I do. No, I don't."。 | 导入演示讲解提问 | 跟老师朗读一遍，再自行朗读一遍：Nice to meet you. My name is Bob, What is your name?<br>My name is Nana. Do you like singing?<br>Yes, I do. Do you like playing basketball?<br>No, I don't.<br>学生回答：单词后面加了 ing。<br>学生跟读：Yes, I do、No, I don't. | 计算机<br>PPT 课件<br>图片 |

图 9-2　微格教案实例 1

| 1 分钟 | 我们刚刚已经学习了初次见面的英文对话，现在我们一起来完成这个小练习吧。Pretty good！非常棒！看来同学们都掌握得不错哦。 | 提问 讲解 | 学生一起口头完成 PPT 课件上的小练习。具体说出每条横线上应该填的单词。 | 计算机、PPT 课件 |
|---|---|---|---|---|
| 30 秒 | 现在邀请两个同学，用刚刚学过的句式进行对话。Excellent!sit down,please.我们一起给他们掌声！ | 提问 | 学生A与学生B模拟初次见面情境，用英语打招呼，进行英语对话。其他学生对学生A与B给予掌声，对其进行社会性增强。 | |
| 30 秒 | 布置课后作业：同学们课后要用以上句型与同学进行练习哦，老师下节课会进行抽查。OK，thank you for your listening.Goodbye！ | 结束 | 学生记录课后作业 Thank you teacher,goodbye！ | PPT 课件 |

图 9-2　微格教案实例 1（续图）

学校：　岭南师范学院　　　主讲（受训人）：　　　　　学号：

受训专业及班级：　15 特教 1 班　　　　　　　　　授课时间：　7 分钟

主题（课题）：　凤仙花的一生　　　科目：　自然科学　　　施教对象：　小学三年级

受训技能：　提问、讲解　　　指导教师：　　　　　日期：　2018 年 3 月 20 日

| 教学目标 | 能说出凤仙花的主要生长过程：种子、发芽、幼苗、开花、结果。能说出凤仙花生长所需的主要条件：适宜的温度、充足的阳光、适当的水分、流通的空气。引导学生用观察凤仙花的经验，观察周围的各种植物。 |
|---|---|
| 教学重点 | 能说出并掌握凤仙花的主要生长过程及凤仙花生长所需的主要条件。 |
| 教学难点 | 通过学习"凤仙花的一生"，理解植物"繁殖"的概念。 |

| 时间分配 | 教师的教学行为 | 教学技能 | 学生学习行为 | 教学媒体 |
|---|---|---|---|---|
| 1 分钟 | 导入：同学们，春天来了，万物复苏。那么，你们知道植物的生长过程吗？概括、讲解植物的一般生长过程。今天，我们以凤仙花为代表探究一下植物的一生。展示凤仙花的图片。 | 提问 导入 | 回顾所学知识，并根据生活观察植物的经验，回答问题：种子、发芽、幼苗、开花、结果。 | 黑板 计算机 PPT 课件 |
| 5 分钟 | 讲解："凤仙花全株分根、茎、叶子、花、果实和种子六个部分，其生长过程与植物的一般生长过程基本一样。"<br>1. 种子<br>提问：凤仙花的种子长什么样呢？<br>解答：凤仙花种子很小，椭圆形，2 毫米到 3 毫米，比芝麻大一点点，颜色是深黑褐色的。成熟时外壳自行爆裂，将种子弹出，自播繁殖，故采种须及时。凤仙花的种子晒干后可以存放 3 年之久，这一点是其他花的种子所不能比的。 | 讲解 提问 讲解 提问 讲解 提问 | 联系生活，主动思考，积极回答生：凤仙花的种子很小，大概和芝麻一样大。<br>学生 1：绿绿的，很嫩。<br>学生 2：茎和叶都是绿色的。思考，尝试回答。<br>学生 3：它会继续生长。<br>学生 4：它枯萎了才不会生长。<br>…… | 计算机 PPT 课件 |

图 9-3　微格教案实例 2

| | | | | |
|---|---|---|---|---|
| 5分钟 | 2. 发芽<br>提问:"刚出土的凤仙花是什么样子的?"<br>"此时的茎和叶分别是什么颜色?"<br>解答:刚出土的凤仙花的茎是淡绿色的,叶子是深绿色的。<br>3. 出现花芽<br>讲解:凤仙花出现花芽时,植株就不再长高或者增长变缓慢了。<br>提问:"凤仙花出现花芽时就不再生长了?"<br>解答:凤仙花从成熟到衰老死亡的过程也是生长过程,只是植株高度变化不明显了。 | | | 计算机<br>PPT课件 |
| 1分钟 | 4. 开花<br>凤仙花的颜色多样,有粉红、大红、紫色、粉紫等多种颜色,其花形似蝴蝶,花期为6~8月。<br>5. 结果<br>凤仙花盛开后凋谢,花的一部分逐渐发育,结出果实,果实呈椭圆形,绿色(成熟后变成黄色),外面有白色的茸毛,轻轻碰一下成熟的果实里面的种子会被弹射出来。<br>提问:它的花语又是什么?<br>解答:它的花语是"不要碰我"。<br>6. 凤仙花生长需要哪些最主要的条件?<br>【总结】<br>1. 种下一粒种子可以收获几百粒种子,说明凤仙花的繁殖能力是很强的。<br>2. 凤仙花的生长历程:种子→发芽→出现花芽→开花→结果→果实成熟变成种子。<br>3. 凤仙花生长的主要条件:适宜的温度、充足的阳光、适当的水分、流通的空气。 | 讲解<br>讲解<br>提问<br>提问<br>结束 | 认真听课,记录笔记。<br>学生1:不知道。<br>学生2:水。<br>学生3:阳光。<br>……<br>跟着教师思路,回忆该节课学习的内容。 | 计算机<br>PPT课件 |

图9-3 微格教案实例2(续图)

### 三、自评、互评、教师评价

1. 如何听课

(1)对于教师的教学,听课者重点应该关注的是:

①课堂教学确定怎样的教学目标、目标在何时采用何种方式呈现。
②如何引导学生复习回顾、回顾什么。
③新课如何导入,包括导入时引导学生参与那些活动。
④创设怎样的教学情境,采取了哪些教学手段。
⑤设计那些问题让学生进行探究、如何探究(设计活动步骤)。
⑥设计怎样的问题或情景引导学生对新课内容和已有的知识进行整合。
⑦安排哪些练习让学生动手练,使所学知识得以迁移巩固。

⑧课堂教学氛围如何。

（2）对于学生的学习活动，听课者应该关注：

①学生是否在教师的引导下积极参与到学习活动中。

②学习活动中学生经常做出怎样的情绪反应。

③学生是否乐于参与思考、讨论、争辩、动手操作。

④学生是否经常积极主动地提出问题。

2. 如何评课

（1）教材处理与教学思路、目标。

（2）教学重点、难点、关键。

（3）课堂结构设计。

（4）教学方法的选择。

（5）教学手段的运用。

（6）教学基本功：看板书、看教态、看语言、看操作。

（7）教学思想等。

教师评价既关注内容又重视教学过程，既评价教学技能，又关注师生交互过程的影响。

3. "微格教学"自评互评汇总表模板，如图9-4所示。

## "微格教学"自评互评汇总表

| 微格教学室 | | | | 主讲人学号 | | |
|---|---|---|---|---|---|---|
| 专业班级 | | | 班 | 主讲人姓名 | | |
| 1 | 学号 | | 姓名 | 4 | 学号 | | 姓名 |
| 2 | 学号 | | 姓名 | 5 | 学号 | | 姓名 |
| 3 | 学号 | | 姓名 | 6 | 学号 | | 姓名 |
| 自评 | | | | | | |
| 互评 | | | | | | |
| 指导教师评语及成绩 | | | | | 成绩 | |

图9-4  "微格教学"自评互评汇总表模板

## 第三节　微课

### 一、Camtasia Studio

Camtasia Studio 是最专业的屏幕录像和编辑的软件套装，如图 9-5 所示。软件提供了强大的屏幕录像、视频的剪辑和编辑、视频菜单制作、视频剧场和视频播放等功能。使用本套装软件，用户可以方便地进行屏幕操作的录制和配音、视频的剪辑和过场动画、添加说明字幕和水印、制作视频封面和菜单、视频压缩和播放。

图 9-5　Camtasia Studio

使用 Camtasia Studio 可以方便地录屏并制作微课。Camtasia Studio 的界面如图 9-6 所示。

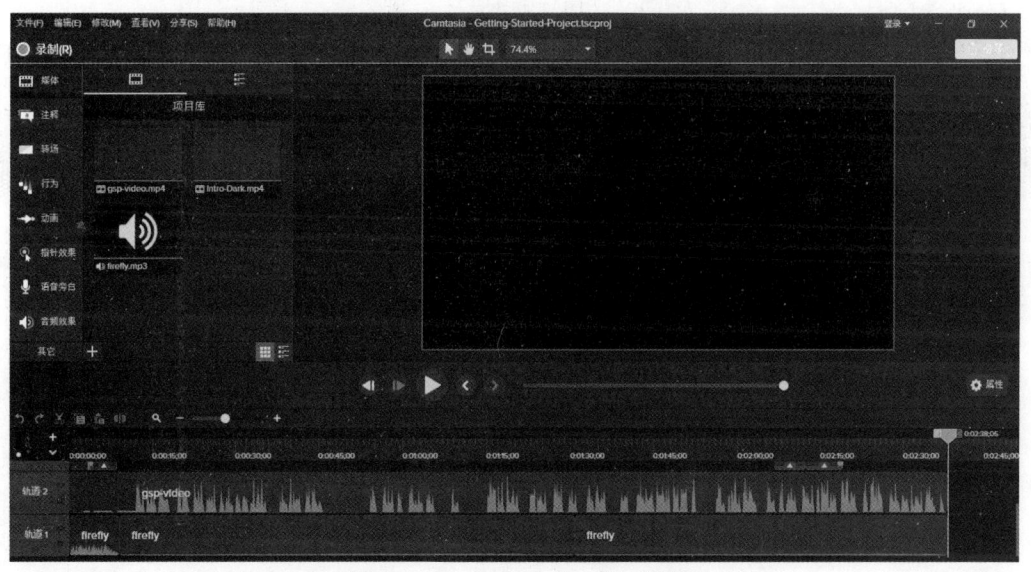

图 9-6　Camtasia Studio 窗口界面

### 二、小影

小影是原创视频、全能剪辑的短视频社区 APP，如图 9-7 所示，可录制 10 秒短视频，同时提供拍摄、编辑更长原创视频内容的服务。小影内置多种拍摄镜头、多段视频剪辑、创意画中画等特效，有专业电影滤镜、字幕配音、自定义配乐等特性。使用小影丰富的模板，可以快速制作带特效的微格教学视频。

图 9-7 小影

## 练习和作业

一、练习

1. 设计微格教案并修改。
2. 在微格教学室真正模拟微格教学。
3. 开展自评、互评并掌握评价要领。

二、作业

1. 尝试用 Camtasia Studio 在电脑上录制微课。
2. 尝试用手机 APP 小影录制简短微课,并剪辑特效。

# 第十章　其他教学支持服务

## 第一节　字幕软件：Aegisub、Arctime

除了使用常见的视频剪辑软件"爱剪辑"添加字幕以外，还有两款字幕软件非常流行。一个是 Aegisub，另一个是 Arctime。

### 一、Aegisub

Aegisub 是一个免费的、开源的、跨平台的字幕编辑软件，既支持 Windows 系统，也支持 macOS 系统，网址 http://www.aegisub.org/，如图 10-1 所示。

图 10-1　Aegisub

Aegisub 被设计用来制作字幕时间轴和排版，以及制作卡拉 OK 效果。它广泛应用于字幕组，用来制作非官方非商业性质的字幕作品，提供给不同领域的爱好者。许多字幕组也用其他的各种软件配合它使用，例如使用 Adobe After Effects 进行排版，或用一个简单的文本编辑器进行翻译。

Aegisub 的标准格式是 Advanced SubStation Alpha（即 ASS 字幕）格式，此种格式可以记录字幕位置信息和样式信息。另外 Aegisub 还支持其他的常见字幕格式，例如 SubRip、SRT 等。它可以凭视频和音频两种方式来打轴，可以用多种音视频解码方式来解码，例如使用 FFmpeg 和 Avisynth。Aegisub 拥有一个强大的名为"自动化"的脚本运行环境，可透过 Lua、MoonScript 编程语言来扩充功能。

### 二、Arctime

Arctime 是一个全新理念的可视化字幕创作软件，可以运行在 macOS、Windows、Linux 上，网址 http://www.arctime.org/index.html，如图 10-2 所示。

借助精准的音频波形图，Arctime 可以快速地创建和编辑时间轴，还可以高效地进行文本编辑、翻译。Arctime 支持 SRT、ASS 外挂字幕格式，并可以通过交换工程文件与伙伴协同工作。

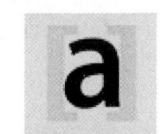

图 10-2　Arctime

字幕编辑完成后，仅需单击"视频转码"按钮，即可轻松完成字幕压制工作。

Arctime 视频教程（网址 http://www.arctime.org/guide.html），功能强大，操作步骤非常详尽，包括以下内容：
- 新手指南。
- 快捷键的使用说明。
- 内容面板与字幕稿的处理。
- 双语字幕的制作。
- 特殊字幕效果的制作。
- 时间轴标记的使用。
- 自动分轴的使用。
- 语音识别功能说明。
- 如何进行字幕的翻译。
- 时间轴的批量调整。
- 字幕压制/视频压制说明。
- 将字幕导出到剪辑软件。
- 输出格式概览。

## 第二节　网络办公协作：TIM、Tower、钉钉、石墨文档

### 一、TIM

TIM 由腾讯公司出品，专注团队沟通协作，支持云文件、在线文档、邮件收发、日程等办公功能，网址https://office.qq.com/，如图 10-3 所示。

图 10-3　TIM

TIM 主要功能如图 10-4 所示。

图 10-4　TIM 主要功能

## 二、Tower

Tower 是深受用户喜爱的团队协作工具，使用 Tower 可以高效率地进行协作。Tower 属于成都彩程软件设计有限公司，网址 https://tower.im/，如图 10-5 所示。

图 10-5  Tower

1. 掌控你的项目

告别冗长的会议、拖沓的进度和繁复的邮件，快速、高效地完成任务。
- 在线讨论，速得结果。
- 细分任务，逐一跟踪。
- 文件共享，取用方便。
- 在线文档，协作编辑。

2. 管理你的团队

洞悉成员每周进展，纵览团队大小事务，明确各人职责权限，轻松做到对项目了如指掌。
- 设定汇报，了解成员状态。
- 团队日历，共享所有日程。
- 角色控制，满足管理需要。

Tower 快速入门，网址 https://tower.im/guides。

## 三、钉钉

钉钉（DingTalk）是中国领先的智能移动办公平台，由阿里巴巴集团开发，免费提供给所有中国企业，用于商务沟通和工作协同，网址 https://www.dingtalk.com/，如图 10-6 所示。主要功能模块包括统一通讯录、智能人事、沟通、DING、智能电话、移动办公、钉钉安全、钉盘。

## 四、石墨文档

石墨文档是一款轻便、简洁的在线协作文档工具，是可多人实时协作的云端文档与表格，PC 端和移动端全覆盖，支持多人同时对文档编辑和评论，让你与他人轻松完成协作撰稿、方案讨论、会议记录和资料共享等工作，网址 https://shimo.im/，如图 10-7 所示。

图 10-6  钉钉（DingTalk）　　　　　　　　图 10-7  石墨文档

## 第三节 多屏互动：TV、PC、HP、PAD

多屏互动指的是运用闪联协议、Miracast 协议等，通过 WIFI 网络连接，在不同多媒体终端上（如常见基于 IOS、Android 等不同操作系统上的不同智能终端设备——手机、PAD、TV、PC 等之间），可进行多媒体（音频、视频、图片）内容的传输、解析、展示、控制等一系列操作，可以在不同平台设备上同时共享内容，丰富用户的多媒体生活。简单来说，就是几种设备的屏幕通过专门的连接设备就可以互相连接转换。比如手机上的电影可以在电视上播放，平板上的图片可以在电视上分享，电脑的内容可以投影到电视上，这是一种时下正在悄然兴起的技术，如图 10-8 所示。

图 10-8 多屏互动

1. 一键投影

一键投影是一款无线投影工具软件，告别了 VGA 线与 HDMI 线，只需要在局域网中连接同一个 WIFI，再安装个软件就可以啦！一键投影支持 Windows、Android、macOS 三大系统之间的相互投影、屏幕共享；支持 iOS 设备投影到 windows 设备，如图 10-9 所示。

图 10-9 一键投影

2. Airplay

iOS 系统设备可以通过 Airplay 进行多屏互动，如图 10-10 所示。

第十章 其他教学支持服务

图 10-10　Airplay 多屏互动

## 第四节　混合式学习平台

### 一、UMU（网页版+手机 APP）

UMU 是知识分享与传播的学习平台，如图 10-11 所示。基于移动互联网时代的学习方式，UMU 连接人与知识，加速知识的流动，让每个人融入、分享、收获。

图 10-11　UMU

UMU 的功能如图 10-12、图 10-13 和图 10-14 所示。

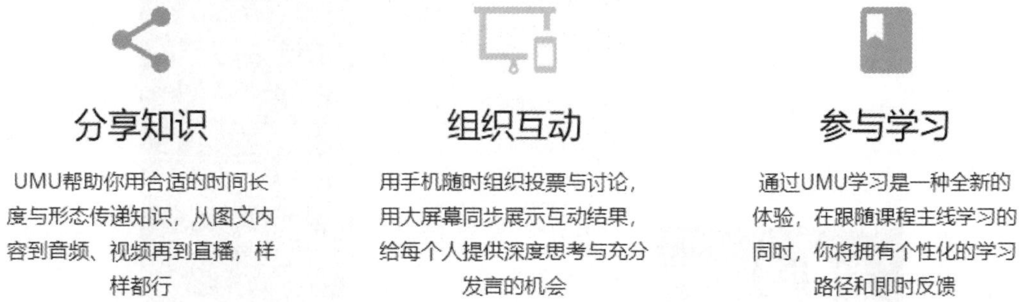

**分享知识**
UMU帮助你用合适的时间长度与形态传递知识，从图文内容到音频、视频再到直播，样样都行

**组织互动**
用手机随时组织投票与讨论，用大屏幕同步展示互动结果，给每个人提供深度思考与充分发言的机会

**参与学习**
通过UMU学习是一种全新的体验，在跟随课程主线学习的同时，你将拥有个性化的学习路径和即时反馈

图 10-12　UMU 功能 1

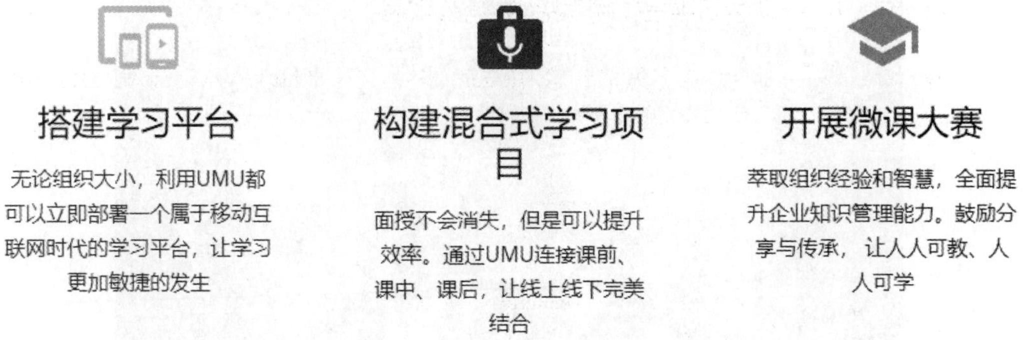

**搭建学习平台**

无论组织大小,利用UMU都可以立即部署一个属于移动互联网时代的学习平台,让学习更加敏捷的发生

**构建混合式学习项目**

面授不会消失,但是可以提升效率。通过UMU连接课前、课中、课后,让线上线下完美结合

**开展微课大赛**

萃取组织经验和智慧,全面提升企业知识管理能力。鼓励分享与传承,让人人可教、人人可学

图 10-13　UMU 功能 2

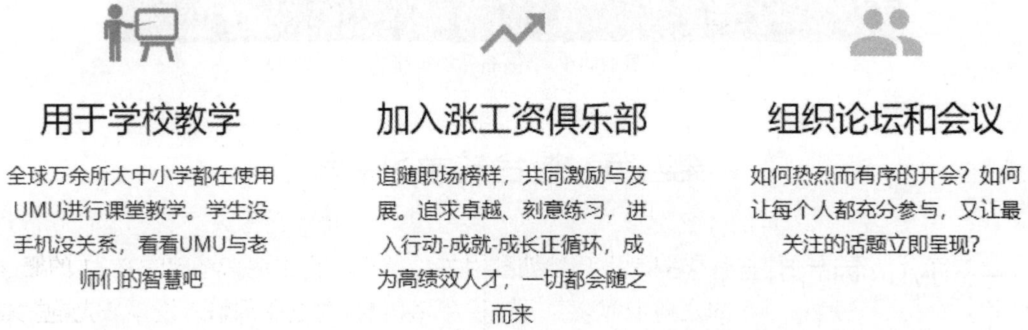

**用于学校教学**

全球万余所大中小学都在使用UMU进行课堂教学。学生没手机没关系,看看UMU与老师们的智慧吧

**加入涨工资俱乐部**

追随职场榜样,共同激励与发展。追求卓越、刻意练习,进入行动-成就-成长正循环,成为高绩效人才,一切都会随之而来

**组织论坛和会议**

如何热烈而有序的开会?如何让每个人都充分参与,又让最关注的话题立即呈现?

图 10-14　UMU 功能 3

## 二、雨课堂（网页版+手机 APP）

雨课堂是清华大学和清华旗下在线教育品牌"学堂在线"共同推出的智慧教学工具,网址http://ykt.io/,如图 10-15 所示;登录后,用户管理界面如图 10-16 所示。

图 10-15　雨课堂

图 10-16　雨课堂用户管理界面

### 三、Moodle365 移动学习平台（网页版+微信公众号）

Moodle365 移动学习平台基于免费开源 Moodle 平台，网址 http://www.moodle365.cn/，如图 10-17 所示。

图 10-17　Moodle365 移动学习平台

## 第五节　知识分享

### 一、二维码和草料二维码

1. 二维码（Quick Response Code，又称 QR 码）

二维码又称二维条码，是近年来移动设备上超流行的一种编码方式，它比传统的条形码能存更多的信息，也能表示更多的数据类型，如图 10-18 所示。

二维码是用某种特定的几何图形按一定规律在平面（二维方向上）分布的黑白相间的图形记录数据符号信息的，在代码编制上巧妙地利用构成计算机内部逻辑基础的 0、1 的概念，使用若干个与二进制相对应的几何形体来表示文字数值信息,通过图像输入设备或光电扫描设备自动识读以实现信息自动处理。它具有条码技术的一些共性：每种码制有其特定的字符集；每个字符占有一定的宽度；具有一定的校验功能等。同时它还具有对不同行的信息自动识别功能及处理图形旋转变化的特点。

二维码易识别、成本低、应用范围广，常用于记载信息。有些二维码图形可美化，如图 10-19 所示。

图 10-18　二维码

图 10-19　美化的二维码

2. 草料二维码

草料二维码是国内专业的二维码服务提供商，提供二维码生成、美化、印制、管理、统计等服务，帮助企业通过二维码展示信息并采集线下数据，提升营销和管理效率，网址 https://cli.im/，如图 10-20 所示。

草料二维码

图 10-20　草料二维码

草料二维码的优势如下：
（1）人人都可免费创建自己的二维码。
- 同行场景模板免费使用。
- 一分钟上手快速创建自己的二维码。

（2）支持内容多元化展现并可随时修改，二维码图案不变。
- 支持图文排版、音视频、文件等多种形式。
- 云端在线编辑，内容可随时进行替换或修改。

（3）扫码添加记录，轻松实现信息收集。
- 无需纸质表单，微信扫码即可添加记录。
- 适用于设备维护、物资使用等多样化场景。

（4）强大数据管理后台，提升管理效率。
- 扫码数据实时统计，快速获得信息概览。
- 数据可视化展示，提升管理效率。

## 二、H5 分享：PP 匠

PP 匠是一个将 PPT 转换成 H5 的在线平台，网址 http://www.ppj.io，如图 10-21 所示。

图 10-21　PP 匠

1. PP 匠能够完美还原 PPT 效果

PP 匠拥有行业领先的转换技术，图形、动画、音视频、嵌入字体统统不在话下，能够淋漓精致展现你的创意与实力，绝不打折。

2. 拥抱 H5，突破极限

将 PPT 带入移动传播时代；表单、测评、语音等扩展功能可用于微课培训、企业营销、产品目录……

3. PP 匠的教学优势

（1）便捷高效。
- PPT 一键转换，无需二次制作。
- 生成微信二维码，移动端传播更方便。

（2）精准控制。
- 利用密码建立访问限制，让特定信息的分享更放心。
- 详细的页面浏览数据、持续追踪传播效果。

（3）功能延展。
- 自行录制页面配音，信息传达更透彻。
- 轻松插入问卷/作业，即刻收集受众反馈。

## 第六节　理论学习、实验评讲、智能考评

### 一、理论学习

参考书：《新编现代教育技术理论教程》主编：雷励华、沈丹丹。

师范生除现代教育技术之外，应必修或辅修其他相关课程：心理学、教育原理、学科教学论、教学基本技能、教育科学研究方法等。

### 二、实验讲评

基于同伴反馈机制，通过对历届学生的实验作品开展鉴赏和点评，达到做中学、评中学的目的，更为有效地提高学生课程学习能力、教学应用实践能力和评鉴思辨能力。

### 三、智能考评系统

通过网上"智能考评系统"，全面考查学生的理论知识和实践能力。

# 附录 A   推荐师范生阅读书目

| 书名 | 作者 |
| --- | --- |
| 10 分钟教师培训：卓越教师的 40 个快速训练法 | 安奈特·布鲁肖 |
| 15 秒课堂管理法：让上课变得有料、有趣、有秩序 | 罗博·普莱文 |
| Excel 数据处理与分析（微课版）：轻松挖掘数据背后的秘密（附光盘） | ExcelHome |
| Power Query：用 Excel 玩转商业智能数据处理 | 朱仕平 |
| T.E.T.教师效能训练：一个已被证明能让所有年龄学生做到最好的培训项目（30 周年纪念版） | 托马斯·戈登 |
| 从备课开始的 50 个创意教学法 | 麦克·格尔森 |
| 从优秀教师到卓越教师：极具影响力的日常教学策略 | 安奈特·布鲁肖，托德·威特克尔 |
| 反思性教学：一个已被证明能让所有教师做到最好的培训项目（30 周年纪念版） | 安德鲁·波拉德，克里斯廷·布莱克·霍金斯，加布里埃尔·克利夫·霍奇斯等 |
| 高等学校计算机应用规划教材：Camtasia Studio 微课制作实例教程（附光盘） | 方其桂 |
| 信息技术教育应用实践指导 | 胡玉娟 |
| 混合式学习：用颠覆式创新推动教育革命 | 迈克尔·霍恩，希瑟·斯特克 |
| 交互式培训：让学习过程变得积极愉悦的成人培训新方法（第 2 版） | 哈罗德·D.斯托洛维奇，艾瑞卡·J.吉普斯 |
| 现代教育技术 | 陈斌 |
| 教学需要打破常规：全世界最受欢迎的创意教学法 | 戴夫·伯格斯 |
| 可见的学习与思维教学：让教学对学生可见，让学习对教师可见 | 玛丽·凯·里琪 |
| 美国学生游戏与素质训练手册：培养孩子合作、自尊、沟通、情商的 103 种教育游戏 | 阿兰娜·琼斯 |
| 让学生爱上学习的 165 个课堂游戏 | 卢安·约翰逊 |
| 微课开发与制作技术 | 刘万辉 |
| 现代教育技术（第 2 版） | 杨凤梅、高国元 |
| 现代教育技术及应用任务驱动教程 | 张凯，刘益和 |
| 学会解决问题：支持问题解决的学习环境设计手册 | 戴维·H.乔纳森 |
| 学生管理的心理学智慧（第二版） | 迟毓凯 |
| 用户生成性学习资源研究 | 万力勇 |
| 有效教学设计：帮助每个学生都获得成功（第四版） | 凯·M.普赖斯，卡娜·L.纳尔逊 |
| 中文版 Photoshop CC 从入门到精通（微课视频版） | 唯美世界 |

续表

| 书名 | 作者 |
| --- | --- |
| 中小学生执行力训练手册：教出高效、专注、有自信的学生 | 佩格·道森，理查德·奎尔 |
| 追求理解的教学设计（第二版） | 格兰特·威金斯，杰伊·麦克泰格 |
| 卓越教师的200条教学策略（常青藤教育书系） | 安德烈·雷德芬 |
| 怎样做开题报告：给教育、社会与行为科学专业学生的建议 | 大卫·克拉斯沃尔，尼克·史密斯 |
| 愿景与决策：教育信息化战略研究 | 焦建利，贾义敏，任改梅 |
| 教育传播与技术研究手册（第四版）（套装上下册） | J.迈克尔·斯伯克特，M.戴维·梅里尔，简·艾伦，M.J.比舍普 |
| 心智图系列1：心智图增强你的记忆力和注意力<br>心智图系列2：心智图让你快速提高学习成绩 | 托尼·巴赞 |
| 中学生实现成绩突破的40个引导方法 | 史蒂夫·欧克斯，马丁·格里芬 |
| 高效学习魔法书 | 罗恩·弗里 |
| 人工智能基础（高中版） | 陈玉琨，汤晓鸥 |

# 附录 B  推荐师范生关注网站

## 一、中国教育考试网

中国教育考试网是教育部考试中心的官方网站，包括普通高考、成人高考、研究生考试、自学考试、中小学教师资格考试（网址 http://ntce.neea.edu.cn/）等项目。

## 二、中国高等教育学生信息网（学信网）

中国高等教育学生信息网是教育部学历查询网站、教育部高校招生阳光工程指定网站、全国硕士研究生招生报名和调剂指定网站，网址 https://www.chsi.com.cn/。

## 三、中国教育和科研计算机网

中国教育和科研计算机网（China Education and Research Network，CERNET）是由国家投资建设、教育部负责管理、清华大学等高等学校承担建设和管理运行的全国性学术计算机互联网络，网址 http://www.cernet.edu.cn/。

## 四、中国教师资格网

中国教师资格网是关于教师资格证的权威信息发布平台，网址 http://www.jszg.edu.cn/。

# 附录 C  推荐师范生关注国家教育规划和广东省教育规划及相关政策

一、《国家中长期教育改革和发展规划纲要（2010－2020 年）》

二、《广东省中长期教育改革和发展规划纲要（2010－2020 年）》

三、《广东省教育发展"十三五"规划（2016－2020 年）》

四、《广东省教师队伍建设"十三五"规划》

五、《广东"新师范"建设实施方案》